WELT DER ZAHL

Handreichung für den inklusiven Unterricht (zu den Paketen A bis D)

Herausgegeben von
Prof. Dr. Hans-Dieter Rinkens
Kurt Hönisch
Gerhild Träger

W0076947

Erarbeitet von
Kurt Hönisch, Christiane Krebsbach, Martina Sandmann

Liebe Lehrerinnen und Lehrer,

dieses Heft enthält neben einem einleitenden Teil, der allgemeine Informationen
zum Unterricht mit heterogenen Lerngruppen aufzeigt, Hinweise für den Einsatz der
WELT-DER-ZAHL-Inklusionsarbeitshefte der Pakete A bis D im Unterricht.
Es folgen Beobachtungsbögen und Lernerfolgskontrollen zu allen 16 Arbeitsheften.
Dazu werden eine Vielzahl von Bausteinen angeboten, mit denen Sie die Lernerfolgs-
kontrollen individuell anpassen können.
Zudem enthält die Handreichung umfangreiche Kopiervorlagen zu allen Arbeitsheften.

Eine leichte und erfolgreiche Unterrichtsvorbereitung wünscht

Ihr WELT DER ZAHL-Team

Schroedel
westermann

Handreichung für den inklusiven Unterricht (zu den Paketen A bis D)

Herausgegeben von
Prof Dr. Hans-Dieter Rinkens, Kurt Hönisch, Gerhild Träger

Erarbeitet von
Kurt Hönisch, Christiane Krebsbach, Martina Sandmann

westermann GRUPPE

Druck A³ / Jahr 2020
Alle Drucke der Serie A sind im Unterricht parallel verwendbar.

Illustriert von: Matthias Berghahn, Raimo Bergt, Dorothee Böhlke, Petra Graef, Markus Humbach

Wir arbeiten sehr sorgfältig daran, für alle verwendeten Abbildungen die Rechteinhaberinnen und Rechteinhaber zu ermitteln. Sollte uns dies im Einzelfall nicht vollständig gelungen sein, werden berechtigte Ansprüche selbstverständlich im Rahmen der üblichen Vereinbarungen abgegolten.

Redaktion: Norbert Knur, Dr. Julia Rasche
Umschlaggestaltung: Druckreif! Annette Henko
Layout und Satz: media service schmidt, Hildesheim
Druck und Bindung: Westermann Druck GmbH, Braunschweig

ISBN 978-3-507-04730-3

Inhaltsverzeichnis

1. Inklusion im Unterricht der Grundschule

Am 13. Dezember 2006 verabschiedete die UN-Generalversammlung in New York das Übereinkommen über die Rechte von Menschen mit Behinderungen. Mit der Unterzeichnung der UN-Behindertenrechtskonvention am 30. März 2007 machte sich auch Deutschland verbindlich auf den Weg, Menschen mit Behinderungen eine gleichberechtigte Teilhabe am alltäglichen Leben zu ermöglichen.
In Konsequenz für den Bereich Bildung ergibt sich ein Rechtsanspruch für Kinder mit sonderpädagogischem Förderbedarf dahingehend, dass sie im Regelschulsystem gemeinsam mit Kindern ohne Förderbedarf unterrichtet werden. Nun gilt es, im inklusiven Unterricht Kindern mit einer Vielfalt von unterschiedlichen Lern- und Leistungsvoraussetzungen in einer heterogenen Lerngruppe gerecht zu werden.
Der inklusive Unterricht bezieht auch das Fach Mathematik mit ein.

Die Hefte der Pakete A bis D der Inklusionsmaterialien aus der Reihe WELT DER ZAHL bieten ein Arbeiten in den Zahlenräumen 0 bis 6, 7 bis 10, bis 20, bis 100. Das Erarbeiten eines Zahlenraumes beginnt entwicklungsmodellgemäß mit Aufgaben zur Zählzahl und Anzahl. Es folgen Rechenoperationen des Teile-Ganzes-Konzepts mit dem Ziel eines schnellen, automatisierten Lösens.
Übungen zu den Vorläuferfähigkeiten werden im Heft A1 angeboten.
Nachfolgend eine thematische Übersicht der Arbeitshefte:

Paket A	Paket B	Paket C	Paket D
A1 Wahrnehmung	B1 Rechnen bis 10	C1 Zahlen bis 100	D1 Addieren und Subtrahieren mit zweistelligen Zahlen
A2 Zahlen 0 bis 6	B2 Zahlen bis 20	C2 Rechnen bis 100 ohne Zehnerübergang	D2 Malnehmen und Teilen, Rechnen mit Kernaufgaben
A3 Erstes Rechnen bis 6	B3 Rechnen bis 20	C3 Rechnen bis 100 mit Zehnerübergang	D3 Einmaleinsreihen
A4 Rechnen bis 6/ Zahlen 7 bis 10	B4 Geld (Euro), Spiegeln, ebene Figuren, Körper	C4 Geld, Längen, Zeit, Körper, Sachrechnen	D4 Geld, Längen, Zeit, ebene Figuren, Sachrechnen

Diese Hefte sind einzeln oder in Paketen, bestehend aus jeweils vier Heften, zu erwerben.
Zwei weitere Pakete mit separater Handreichung sind für den Zahlenraum bis 1000 (Paket E) und bis 10 000 (Paket F) erschienen.

2. Methodisch-didaktische Hinweise

2.1 Entwicklung mathematischer Kompetenzen

Das Rechnenlernen beginnt nicht erst mit der Einschulung.
Bereits zu Beginn der neunziger Jahre präsentierte Karen Wynn mehrere viel beachtete Studien, in welchen sie nachwies, dass schon Babys auf die Veränderung von kleinen Anzahlen reagieren.
(vgl. Moser Opitz, 2008, S. 255)

2.1.1 Modell der mathematischen Kompetenzentwicklung

Nachfolgend wird das Entwicklungsmodell des Rechnenlernens von Gerlach, Fritz, Ricken, Schmidt (2011) vorgestellt, dass sich auf die Konzepte von Fuson (1988) und Resnick (1983) stützt.
Die fünf Stufen des Modells kennzeichnen jeweils qualitativ unterschiedliche Entwicklungsstufen, die aufeinander aufbauen:

Stufe 1: Zahlwortreihe und Mengenaspekt – Vergleich: größer/kleiner
• Zahlwortreihe • Mengenaspekt – Vergleich: größer/kleiner

Methodisch-didaktische Hinweise

Kinder beginnen bereits sehr früh in ihrer Entwicklung, mit Mengen und Zahlen umzugehen. In einer Vielzahl von Beobachtungsstudien wurde nachgewiesen, dass bereits Säuglinge Mengen mit zwei bzw. drei Objekten unterscheiden können und mit ca. einem halben Jahr Mengenveränderungen im Zahlenraum von 1 bis 3 wahrnehmen. Noch bevor sie sprechen können, vergleichen sie Objekte und Mengen auf ihre Größe hin und weinen, wenn etwas weniger geworden ist.

Mit Beginn des Sprechens erlernen sie Zahlworte, die sie zunächst ohne Zahlverständnis anwenden, wie ein „Lied". Mit der Zeit entsteht ein Verständnis dafür, dass die Zahlworte in einer bestimmten Reihenfolge angeordnet sind und in der Abfolge „aufgesagt" werden (Seriation). Zahlwörter bleiben auf dieser Stufe Bestandteile einer Lautsequenz ohne numerische Bedeutung.

Zwei unterschiedliche kognitive Quellen bereiten das Rechnenlernen vor: Einerseits die Fähigkeit zur Reihenbildung und andererseits die Fähigkeit, Mengen miteinander zu vergleichen.

Reihenbildung und Zahlwortreihe werden miteinander verbunden und die Kinder lernen, die Zahlwortreihe immer sicherer und flüssiger aufzusagen, oft vollständig von 1 bis 10. Die Zahlwortreihe wird aber noch nicht eingesetzt, um Objekte zu „zählen". Der Vergleich von zwei Mengen erfolgt auf dieser Stufe über eine Eins-zu-Eins-Zuordnung: Diejenige Menge ist größer, die nach dem Eins-zu-Eins-Vergleich noch Objekte aufweist; zwei Mengen sind gleich groß, wenn jedem Objekt der einen Menge ein Objekt der anderen Menge zugeordnet werden kann.

Stufe 2: Zählzahl-Konzept
• Ordinalzahl • Mengenveränderung: Vermehren/Vermindern

Auf dieser Stufe werden die Sequenzwörter zu Zählwörtern. Das geschieht, indem die Zahlwortreihe nicht länger „für sich" aufgesagt wird, sondern jedes Zahlwort auf ein Objekt bezogen wird. Oft zeigen die Kinder bei dem Zählen von Objekten mit dem Finger darauf. Dabei erhält jedes zählbare Objekt nur ein Zahlwort, wodurch sich eine Eins-zu-Eins-Zuordnung zwischen Zählobjekt und Zahlwort herstellt.

Wird nun die Kenntnis der Zahlwortreihe mit der Fähigkeit, Objekte zu vergleichen, verknüpft, entsteht eine Art „mentaler Zahlenstrahl", d.h. das Kind bildet eine Vorstellung davon, wie die Zahlwortreihe aufgebaut ist und funktioniert.

Die Kinder auf dieser Stufe wissen, dass die Zahlwortreihe eine feste Abfolge hat, auf jede Zahl eine bestimmte Nachfolgerzahl folgt und dass diese Zahl größer ist. Die Zahlwortreihe ist mit einem „Richtungsmarker" versehen, der die steigende Menge ausweist. Der Zahlenstrahl wird ordinal betrachtet, da die Kinder die Zahlworte nur nach ihrer Position in der Reihe betrachten. Sie verstehen, dass die Zahlen immer „größer" werden.

Gestützt auf die Vorstellung des mentalen Zahlenstrahls sind Kinder mit vier bis fünf Jahren in der Lage, Zahlen miteinander zu vergleichen. Dies geschieht nicht durch den kardinalen Vergleich der Mächtigkeit, sondern ausschließlich aufgrund ihrer Position in der Zahlwortreihe. Diejenige Zahl, die später in der Zahlwortreihe genannt wird, ist größer.

Kinder verstehen sehr früh, dass etwas mehr wird, wenn etwas hinzukommt, und dass etwas weniger wird, wenn etwas weggenommen wird (kognitives Schema des Vermehrens und Verminderns). Auf dieser Stufe erfolgt die Verknüpfung des Verständnisses von Vermehren und Vermindern mit der Zahlenstrahlvorstellung.

Diese Verknüpfung ermöglicht es ihnen, folgende Rechenoperationen auszuführen:
- „Hier sind sechs Kinder. Drei kommen dazu. Wie viele Kinder sind es?"
- „Es sind acht Kinder. Fünf gehen weg. Wie viele Kinder sind es?"

Die Bewältigung der Aufgaben erfolgt zählend und orientiert sich am Richtungsmarker, der angibt, dass die Zahlen durch ein Voranschreiten auf dem Zahlenstrahl „mehr" oder durch ein Rückwärtsschreiten „weniger" werden. Zur Lösung der Aufgabe werden die Teilmengen, bei 1 beginnend, an den Fingern oder Objekten gezählt und danach wird die Gesamtmenge, wieder bei 1 beginnend, gezählt.

Methodisch-didaktische Hinweise

Auch Minus-Aufgaben werden so verstanden und können durch Zählen gelöst werden, indem das Kind z. B. bei der Aufgabe von acht vorgegebenen Objekten fünf wegnimmt und die verbliebenen abzählt. Der Umgang der Kinder mit den Anforderungen ist rein ordinal. Die Aufgaben werden zählend durch ein „Vorwärtsgehen" auf dem Zahlenstrahl gelöst. Über eine kardinale Mengenvorstellung verfügen die Kinder noch nicht.

Bereits in der Vorschulzeit erwerben einige Kinder die Fähigkeit, rückwärts zu zählen. Für das Modell des mentalen Zahlenstrahls bedeutet dies, dass ein weiterer Richtungsmarker hinzukommt, der rückwärtsgerichtet die Zahlbeziehungen als jeweils „kleiner" definiert.

Stufe 3: Anzahl-Konzept
• Kardinale Zahlvorstellung • Enthaltensein

Die Kinder beginnen zu verstehen, dass Zahlen auch jeweils für die Anzahl der in ihnen enthaltenen Objekte stehen. Grundlegend für diese Erkenntnis ist das Verständnis des kognitiven Konzeptes des „Enthaltenseins". Die Zahl 4 enthält die Zahlen 1, 2, 3. Das zuletzt genannte Zahlwort ist zugleich als Mengenangabe für die gesamte Anzahl zu verstehen.
Ist dieses Verständnis erworben, muss das Kind nicht länger jeweils mit dem Zählen bei 1 beginnen, sondern kann von der mit der Kardinalzahl bezeichneten Menge an weiterzählen. Damit werden erste effektive, vom rein zählenden Rechnen abgelöste Rechenstrategien möglich. Wird verstanden, dass das letzte Zahlwort die Menge der vorangegangenen Zahlworte enthält, so kann nun auch umgekehrt das Kind ein Zahlwort mit kardinaler Bedeutung in entsprechende Zählhandlungen umsetzen. Damit können Anforderungen wie „Zähle bis 4" und „Gib mir vier Bonbons" bewältigt werden. Aus einer Gesamtmenge heraus kann also eine Teilmenge bestimmt werden.
Auf der Zahlenstrahlebene zeigt sich der kardinale Umgang mit Zahlen auch darin, dass Kinder nun Vorgänger und Nachfolger von Zahlen benennen können, ohne diese zählend ermitteln zu müssen.

Stufe 4: Teile-Ganzes-Konzept
• Teile/Ganzes: Zusammensetzen/Zerlegen • Relationaler Zahlbegriff: Differenzen

Die Integration der sequenziellen Zahlenstrahlvorstellung und der Mengenbedeutung von Zahlen wird weiter vertieft. Dass Zahlen ihre Vorgängerzahlen enthalten, bedeutet auch, dass Zahlen aus anderen Zahlen zusammengesetzt sind. Zahlen enthalten andere Zahlen bzw. Teilmengen und können daher in Teilmengen zerlegt und entsprechend wieder zusammengesetzt werden.
Folgende Aufgabe wird nun lösbar: „Gib mir fünf Bauklötze. Drei davon sollen rot sein."

Auf dieser Stufe verbindet sich das Teile-Ganzes-Konzept mit der Mengenvorstellung der Kinder. Das Kind kommt zu der Einsicht, dass die Mächtigkeit der Menge sukzessiv ansteigt, und zwar jeweils um 1.
Das neu erworbene Wissen zeigt sich in den Zählstrategien der Kinder. Lautet die Aufgabe $7 + 5 = ?$, so können die Kinder von 7 aus um 5 Zählschritte weiter zählend rechnen: „8 (ist 1), 9 (ist 2), 10 (ist 3), 11 (ist 4), 12 (ist 5)." Kontrollprozesse überwachen hier den Rechenvorgang in der Weise, dass beim Weiterzählen jedes genannte Zahlwort als Zählschritt verstanden wird, der selbst zählbar ist. In der gleichen Weise kann 5 zur 8, zur 3 oder zur 1 hinzugezählt werden. Unabhängig von der Startzahl und den folgenden fünf Zahlen sind auf der Ebene der Kontrollprozesse fünf Zählschritte zu überwachen.
Damit erweitern sich allmählich der ordinale und der kardinale um den relationalen Zahlbegriff. Darunter wird verstanden, dass mit einer Zahl auch ein Abschnitt auf dem Zahlenstrahl bezeichnet wird, so dass die Zahl 5 sowohl für den Abschnitt 1-2-3-4-5 als auch für den Abschnitt 4-5-6-7-8 stehen kann.

Auf dieser Stufe zeigen die Kinder die sich allmählich entwickelnden relationalen Kenntnisse. So können sie nun Differenzen zwischen zwei Mengen exakt quantifizieren.

Methodisch-didaktische Hinweise

Stufe 5: Ausdifferenzierung

- Dynamisierung des Teile-Ganzes-Konzeptes; triadische Struktur $a + b = ?$ / $? + b = c$ / $a + ? = c$
- Relationaler Zahlbegriff: um x Schritte

Wenn Kinder verstanden haben, dass Zahlen aus anderen Zahlen zusammengesetzt sind und in unterschiedliche Teilmengen zerlegt werden können, ohne dass sie ihre Mächtigkeit verändern, wird ein flexibler Umgang mit mathematischen Anforderungen möglich. Die Summanden werden als Teilmengen aufgefasst, die zerlegbar und wieder zusammensetzbar sind. In der Bewältigung von Anforderungen zeigt sich dieses Verständnis darin, dass Kinder das Kommutativgesetz (3 + 9 kann zu 9 + 3 werden) und auch effektive Rechenstrategien, wie Zerlegungsstrategien, anwenden (5 + 8 = 5 + 5 + 3). Diese Stufe, deren Erreichen weit in die Grundschulzeit hineinreicht, ermöglicht den Kindern flexible Lösungen. Aufgaben müssen nicht länger in der vorgegebenen Form bearbeitet werden, sie können auf die Beziehungen zwischen den Teilmengen hin analysiert werden, und die enthaltenen Mengen können in anderer, effektiverer Weise miteinander in Beziehung gesetzt werden.

Die Analyse bezieht sich ebenso auf die Struktur der Aufgaben. Additions- bzw. Subtraktionsaufgaben werden gesehen als zusammengesetzt aus drei getrennten Quantitäten, z. B. 5 / 3 / 8, wobei die Summanden (5 und 3) gemeinsam die Summe (8) bilden. Alle Additions- und Subtraktionsaufgaben haben eine dreigliedrige Grundstruktur (Teil-Teil-Ganzes / 3 + 5 = 8). Bei den Subtraktionsaufgaben wird nach der zweiten Teilmenge gefragt (8 − 5 = 3).

Das Teil-Teil-Ganzes-Schema spezifiziert die Beziehung zwischen Zahlentripeln. Im Tripel „3 / 5 / 8" ist 8 das Ganze und 3 und 5 sind Teile. Die Beziehung bleibt bestehen, egal ob das Problem als 5 + 3 = ?, 3 + 5 = ?, 3 + ? = 8, 8 − 5 = ?, 8 − 3 = ?, 8 − ? = 5, 8 − ? = 3, ? − 3 = 5, ? − 5 = 3 vorgegeben wird. Auf dieser Basis entsteht die Einsicht in die Umkehrbarkeit von Additions- und Subtraktionsaufgaben. Ohne das Verständnis des Teil-Teil-Ganzes-Zusammenhanges sind Aufgaben mit unbekannter Anfangsmenge unlösbar.

Das auf Stufe 4 ansatzweise entwickelte relationale Zahlverständnis wird weiter vertieft. Dies bezieht sich zunächst auf ein umfassenderes Verständnis des Aufbaus der Zahlwortreihe. Die Zahlwortreihe als Anzahl von Zählschritten zu verstehen, erlaubt ein Weiterzählen um eine bestimmte Anzahl von beliebigen Startpunkten aus („Zähle um drei Schritte weiter").

Auch um Aufgaben wie „Im Sandkasten sind fünf Kinder. Auf dem Klettergerüst sind vier Kinder mehr als im Sandkasten. Wie viele Kinder sind auf dem Klettergerüst?" zu lösen, muss die Vier als Relation zwischen zwei anderen Zahlen interpretiert werden.

(vgl: Gerlach, Maria; Fritz, Annemarie; Ricken, Gabi; Schmidt, Siegbert, 2011, S. 9−22)

Methodisch-didaktische Hinweise

2.1.2 Verknüpfung des Stufenmodells mit den Inklusionsheften der Reihe WELT DER ZAHL und Übungsideen

Die Zuordnung der Hefte zu dem Stufenmodell und zusätzliche Übungsideen zu den einzelnen Entwicklungsmodellstufen sind nachfolgender Aufstellung zu entnehmen:

Stufe 0: Vorläuferfähigkeiten	
• Klassifikation • Seriation • Eins-zu-Eins-Zuordnung • Raumlage	
Arbeitsheft A1	
zusätzliche Übungsideen:	
Klassifikation	• Spiel „Ich sehe was, was du nicht siehst", Gegenstände beim Aufräumen gezielt einsortieren, Knöpfe ordnen nach verschiedenen Merkmalen
Seriation	• Muster fortsetzen, Perlen auffädeln, Gegenstände nach deren Größe ordnen
Eins-zu-Eins-Zuordnung	• konkreter Vergleich von Alltagspaaren (Tasse/Untertasse; Eier/Eierbecher), Erstellen von Strichlisten
Raumlage	• Bewegungsspiele, „Wie leg' ich's richtig?", „Mein rechter, rechter Platz ist frei"

Stufe 1: Zahlwortreihe und Mengenaspekt – Vergleich: größer/kleiner			
• Zahlwortreihe • Mengenaspekt – Vergleich: größer/kleiner			
Zahlenraum bis 6	Zahlenraum bis 10	Zahlenraum bis 20	Zahlenraum bis 100
Arbeitsheft A2 (Seiten 2, 3, 5, 28)	Arbeitsheft A4 (Seiten 24, 26, 27)	Arbeitsheft B2 (Seiten 2, 3, 10, 11, 14, 15)	Arbeitsheft C1 (Seiten 22 bis 25, 28, 29)
zusätzliche Übungsideen:			
Zahlwortreihe	• Abzählverse und Reime, Zahlenlieder, Zählen mit Bewegungen (z.B. hüpfen, Seil springen ...), Zählen in Kinderreimen (siehe dazu auch WELT DER ZAHL-Lehrermaterialien 1)		
Mengenaspekt Vergleich: größer/kleiner	• Spiel mit Lego oder ähnlichen Bauklötzen (z.B. Türme bauen und Höhe vergleichen), Sammelaufträge (Kastanien, Nüsse, ...; z.B. zwei Reihen legen, zählen und vergleichen)		

Stufe 2: Zählzahl-Konzept			
• Ordinalzahl • Mengenveränderung: Vermehren/Vermindern			
Zahlenraum bis 6	Zahlenraum bis 10	Zahlenraum bis 20	Zahlenraum bis 100
Arbeitsheft A2 (Seiten 2 bis 5)	Arbeitsheft A4 (Seiten 12, 13)	Arbeitsheft B2 (Seiten 2, 3)	Arbeitsheft C1
zusätzliche Übungsideen:			
Ordinalzahl	• Zählübungen an Alltagsgegenständen, Treppenstufen zählen, Count-Down-Zählen, Zählen in Kinderreimen (siehe dazu auch WELT DER ZAHL-Lehrermaterialien 1)		
Mengenveränderung: Vermehren/Vermindern	• Mengenworte bewusst verwenden (jetzt wird es mehr, weniger ...), kleine Rechengeschichten, KIM-Spiel mit kleinen Mengen		

Methodisch-didaktische Hinweise

Stufe 3: Anzahl-Konzept

- Kardinale Zahlvorstellung
- Enthaltensein

Zahlenraum bis 6	Zahlenraum bis 10	Zahlenraum bis 20	Zahlenraum bis 100
Arbeitsheft A2 (Seiten 6 bis 29)	Arbeitsheft A4 (Seiten 14 bis 25)	Arbeitsheft B2 (Seiten 4 bis 13)	Arbeitsheft C1
zusätzliche Übungsideen:			
Kardinale Zahlvorstellung: Zahlen als Anzahl	• Spiele mit Mengen- und Ziffernkarten, Blitzblickübungen, Schätzaufgaben, Zählen in Kinderreimen (siehe dazu auch WELT DER ZAHL-Lehrermaterialien 1)		
Enthaltensein	• Rechentreppe		

Stufe 4: Teile-Ganzes-Konzept

- Teile/Ganzes: Zusammensetzen/Zerlegen
- Relationaler Zahlbegriff: Differenzen

Zahlenraum bis 6	Zahlenraum bis 10	Zahlenraum bis 20	Zahlenraum bis 100
Arbeitsheft A3	Arbeitsheft A4 (Seiten 28 bis 32)	Arbeitsheft B2 (Seiten 17 bis 29)	Arbeitsheft C2 (Seiten bis 7)
zusätzliche Übungsideen:			
Teile/Ganzes: Zusammensetzen/Zerlegen	• Schüttelboxen (siehe dazu auch WELT DER ZAHL-Lehrermaterialien 1)		
Relationalzahl	• Spiele mit Differenzmenge („Gib' mir fünf Bauklötze, drei davon sollen rot sein.")		

Stufe 5: Ausdifferenzierung

- Dynamisierung des Teile-Ganzes-Konzeptes; triadische Struktur $a + b = ?$ / $? + b = c$ / $a + ? = c$
- Relationaler Zahlbegriff: um x Schritte

Zahlenraum bis 6	Zahlenraum bis 10	Zahlenraum bis 20	Zahlenraum bis 100
	Arbeitsheft B1	Arbeitsheft B2 (Seiten 30 bis 32), B3	Arbeitsheft C2 (ab Seite 8), C3
zusätzliche Übungsideen:			
Strukturierung	• Rechentricks: „Ich rechne geschickt …", Aufgabenfolgen		
Automatisierung	• Auswendiglernen von Verdopplungsaufgaben, Zahlzerlegung		

2.1.3 Beobachtungshilfen zur Lernstandsbestimmung im Unterrichtsalltag

Stufe 0: Vorläuferfähigkeiten	zu erwerbende Kompetenz: **Gesicherte Raum-Lage-Beziehungen, vor allem rechts/links** Auffälligkeiten: • Überkreuzbewegungen gelingen nicht • Ziffern sind spiegelverkehrt geschrieben • Zahlendreher, inverse Zahlenschreibweise
Stufe 1: Zahlwortreihe und Mengenaspekt – Vergleich: größer/kleiner	zu erwerbende Kompetenz: **Verständnis für Invarianz** Auffälligkeiten: • Mengenbeurteilung aufgrund subjektiver Wahrnehmung • fehlerhafte Eins-zu-Eins-Zuordnung
Stufe 2: Zählzahl-Konzept	zu erwerbende Kompetenz: **Sicheres Zählen** Auffälligkeit: • fehlerhafte Zahlwortreihe, vor allem rückwärts

Methodisch-didaktische Hinweise

Stufe 3: Anzahl-Konzept	zu erwerbende Kompetenz: **Aufbau einer kardinalen Zahlvorstellung** Auffälligkeiten: • Probleme bei Schätzaufgaben • unrealistische Ergebnisse
Stufe 4: Teile-Ganzes-Konzept	zu erwerbende Kompetenz: **Aufbau einer strukturierten Zahlvorstellung, Ablösung des zählenden Rechnens** Auffälligkeiten: • Zahlzerlegung ist nicht abrufbar • Kraft der 5 bzw. 10 wird nicht genutzt • mangelndes Verstehen der Beziehungen zwischen Zahlen • mangelndes Verstehen des Stellenwertsystems • Rechenfehler +/– 1 • strukturierte Arbeitsmittel werden nicht genutzt • Rechenoperationen werden vertauscht
Stufe 5: Ausdifferenzierung	zu erwerbende Kompetenz: **Automatisierung der Basisfakten** Auffälligkeit: • extrem langsame Rechner

2.2 Organisation des inklusiven Mathematikunterrichts (Ausgewählte Aspekte)

Die Gestaltung eines gemeinsamen Unterrichts in einer heterogenen Lerngruppe bewegt sich im Spannungsfeld von Individualisierung und Gemeinsamkeit, Offenheit und Strukturierung, kulturell vorgegebenen und individuell bedeutsamen Bildungszielen, Handlungsorientierung und dem Aufbau kognitiver Lernstrategien. (vgl. Werning/Lütje-Klose 2012, S. 150 – 201) So arbeiten die Kinder phasenweise mit Hilfe individueller Arbeitspläne, um dann wieder im Plenum von ihren Ergebnissen zu berichten.

Mit dem Unterrichtswerk WELT DER ZAHL liegt ein Schulbuch für den Mathematikunterricht in der Regel-Grundschule vor. Die Inklusionsmaterialien sind für Kinder, die zieldifferent in einer Grundschulklasse unterrichtet werden bzw. die einen erhöhten Förderbedarf in Mathematik zeigen, entwickelt worden.
In den 16 Arbeitsheften werden mathematische Themen ausführlich, auf einfachstem Niveau beginnend, behandelt. Der Zahlenraum wird sukzessive erweitert: von 0 bis 6, 7 bis 10, bis 20, bis 100.
Geeignete, den Heften beiliegende Arbeitsmittel und Veranschaulichungen begleiten die Lernprozesse.
Verbindende Elemente zwischen dem Unterrichtswerk und dem Inklusionsmaterial sind Titel, Aufgabenformate und die Identifikationsfiguren Zahlix und Zahline.

2.2.1 Individueller Förderplan

Individuelle Förderpläne zielen darauf ab, die einzelnen Kinder effektiv zu fördern. In einem Förderplan werden das angestrebte Lernziel und die konkrete Organisation der Förderung dokumentiert. Aus einer konkreten Planung resultiert eine gute Überprüfbarkeit des Erfolges einer individuellen Förderung.
Folgende Aspekte sind beim Entwerfen eines Förderplans zu bedenken:
• Zeitraum der Förderung
• verantwortliche Lehrkräfte/Absprachen
• Inhalt/Schwerpunkte der Förderung
• Einsatz von Methoden, Medien
• Evaluation

Nachfolgend findet sich ein Ausschnitt eines praxiserprobten Förderplans, entworfen von einer Förderschullehrerin, die Förderkinder an einer Regel-Grundschule betreut. Als Regel-Lehrwerk im Mathematikunterricht ist das Unterrichtswerk WELT DER ZAHL eingeführt. Kinder mit Förderbedarf erhalten die Inklusionsmaterialien.

Methodisch-didaktische Hinweise

Förderplan: Mathematik

Zeitraum: _____

Name: _____

Förderschullehrer/in: _____

Bereich	Inhalt	Medien	Schwerpunkt	Evaluation
Addition	Wiederholung Addition ZR 20 ohne Übergang	Heft B3, S. 2, 3	→ Aufgaben im ZR 20 ohne Übergang im Kopf lösen können	
	Einführung Addition ZR 20 mit Übergang	Heft B3, S. 6 – 13 Rechenhilfe	→ Zehnerübergang in Zweierschritten kennen lernen	

Förderplanung ist ein dynamischer Prozess mit Kreislaufcharakter. Die Ergebnisse der Evaluation sind bereits wieder Ausgangspunkte für den sich anschließenden Förderplan.

2.2.2 Arbeitsmittel und Veranschaulichungen

Arbeitsmittel unterstützen die Kinder darin, Einsicht und Verständnis in mathematische Strukturen zu gewinnen. Sie werden als Mittel zum Aufbau von Zahl- und Operationsvorstellungen verwendet. Während des Handelns mit dem Arbeitsmittel finden Erkenntnisprozesse statt, die es erlauben, dass das Kind eine Repräsentation bzw. ein visuelles Vorstellungsbild einer Zahl oder einer Operation erwirbt. Dabei handelt es sich um eine Form von „geistiger" Handlung im Sinn einer (Re-)Konstruktion durch das Individuum.

Zur wohlüberlegten Auswahl von Arbeitsmitteln insbesondere für lernschwache Kinder gehört, dass deren Anzahl beschränkt wird. Nicht viele verschiedene Arbeitsmittel sind zu verwenden, sondern eher wenige, strukturgleiche Materialien. Ferner ist zu bedenken, welches arithmetische Konzept bzw. welche Aktivität sich durch welches Arbeitsmittel sinnvoll unterstützen lässt.

Auf die Ablösung vom Material ist hinzuarbeiten. Hier ist ein behutsames Vorgehen gefragt, da insbesondere lernschwache Schülerinnen und Schüler für das Kennenlernen von Arbeitsmitteln sowie für deren sinnvolle Nutzung und auch für die Verinnerlichungsprozesse genügend Zeit benötigen.

Die Handlungen am Arbeitsmittel sind sprachlich zu begleiten. Damit gelingt ein erster Schritt hin zur Abstraktion, die Verbindung zwischen der Handlung und den Symbolen bzw. Rechenzeichen kann explizit hergestellt werden.
Ein Wechsel der Repräsentationsebenen einer Rechenoperation in „Handlung", „Bild", „Symbol" ist erwünscht.

Das WELT DER ZAHL-Inklusionsmaterial bietet eine übersichtliche, ablenkungsarme Seitengestaltung. Die Illustrationen konzentrieren sich auf das Wesentliche.
Geeignete Arbeitsmittel und Veranschaulichungen begleiten die Arbeit, die Ablösung von der Materialhandlung erfolgt behutsam. Leicht verständliche, sich wiederholende Übungsformen schaffen Übungsruhe und Erfolgserlebnisse.

Nachfolgende Arbeitsmittel werden in den Inklusionsheften eingesetzt. Zu einem größeren Teil liegen sie den Paketen bei.

Rechenschiffe und Wendeplättchen: Die Grundvorstellungen für die mathematischen Lerninhalte der inhaltsbezogenen Kompetenz „Umgang mit Zahlen und Operationen" – Zählen, Zahldarstellung, Addieren und Subtrahieren – werden ohne Zweifel durch die Wendeplättchen in Verbindung mit den Rechenschiffen erzeugt.

Methodisch-didaktische Hinweise

Der Nachteil der Wendeplättchen, dass sie nahezu ausschließlich das zählende Rechnen provozieren, wird durch die Fünfer-Struktur der Rechenschiffe, in die die Plättchen eingeordnet werden, aufgehoben. So sind die Kinder in der Lage, größere Anzahlen quasi-simultan zu erfassen, da sie die Plättchen in einem vollen Rechenschiff nicht zählen müssen – sie wissen: Dies sind fünf Plättchen. So besteht die Anzahl Sieben aus dem wahrnehmungsmäßig sofort erkennbaren Fünfer-Schiff und den simultan erfassbaren zwei Plättchen im nächsten Schiff.

Die Rechenschiffe kann die Lehrkraft mit Hilfe der Eltern aus Moosgummi herstellen oder als Papp-version beim Verlag Schroedel bzw. als Ausführung in Holz beim Spectra-Verlag erwerben.

Im Unterricht müssen gewisse Regeln beim Arbeiten mit den Wendeplättchen und den Rechenschiffen eingehalten werden, um dieses Arbeitsmittel effektiv nutzen zu können:
- mit dem Legen linksbündig beginnen
- immer erst ein Rechenschiff füllen, bevor weitere Wendeplättchen in das nächste Rechenschiff gelegt werden
- ein volles Rechenschiff als Stellvertreter für die Anzahl „Fünf" erkennen.

Zahlenbilder 1 bis 10 (Paket A): Die Illustrationen zu den Zahlen helfen bei der Entwicklung einer gesicherten Vorstellung der Zahlen. Dabei dienen vorgegebene Zahlenbilder als Repräsentanten für Zahlen, die sich so leichter einprägen. Die Zahlenbilder sind jeweils im Format DIN-A4 angelegt. Sie entsprechen den Motiven in den Inklusionsheften, im Schülerbuch WELT DER ZAHL 1 sowie im Zahlenkartenspiel. Die Zahlenbilder sollten in ähnlicher Weise auf große Bögen gezeichnet oder einem Abreißblock „Zahlenbilder" (DIN-A4-Blätter mit den Motiven der Zahlenbilder, Bestell-Nr. 978-3-507-04488-3) entnommen und gut sichtbar im Klassenzimmer angebracht werden.

Vor Abschluss des Ziffernschreibkurses sind die Aufgabennummern durch diese Zahlenbilder dargestellt.

Rechenhilfe: Damit die Kinder in zunehmender Weise nicht mehr zählend mit Wendeplättchen an den Rechenschiffen das Ergebnis einer Plus- oder Minus-Aufgabe bestimmen, verwenden sie die Rechenhilfe (leere Rechenschiffe) und zeigen dort mit zwei Stiften diese Aufgaben.

Die Arbeitsweise mit dieser Rechenhilfe erfolgt in der Regel in drei Schritten:

Beispiel: Plus-Aufgabe 4 + 3

Das Kind zeigt simultan oder quasi-simultan mit einem Stift die erste Zahl der Plus-Aufgabe, die 4. Dann zeigt es mit dem zweiten Stift weiter nach rechts simultan oder quasi-simultan die zweite Zahl, noch 3. Nimmt das Kind nun den linken Stift weg, so sieht es quasi-simultan mithilfe der Kraft der Fünf das Ergebnis 7.

Die Rechenhilfe gibt es in drei Versionen:
a) mit Rechenschiffen bis 12; die Zahl 10 ist gekennzeichnet und in einem Schild aufgedruckt (Paket A)
b) mit fünf Rechenschiffen bis 25; die Zahlen 10 und 20 sind gekennzeichnet und in Schildern aufgedruckt (Paket B)
c) Die dritte Version zeigt einen beliebigen Ausschnitt von vier ganzen Rechenschiffen. Die Schilder sind leer und können von den Kindern beliebig mit Zehnerzahlen beschriftet werden. (Paket C)

Kinderreihe (Zahlenreihe): Auf der Rückseite der Beilagen „Rechenhilfe" a) (Paket A) und b) (Paket B) ist ein Streifen mit 12 bzw. 26 Kinderfiguren abgebildet, in deren leere Schilder die Kinder Zahlen schreiben können. Die Zehner- und Fünfer-Zäsur erleichtern das Bestimmen von Anzahlen.

Die Beilage ist abwaschbar und kann mit wasserlöslichen Stiften beschriftet werden. Besonders geeignet sind „Zauberstifte" aus dem Spectra-Verlag und die trocken abwischbare „Neocolor"-Zeichenkreide.

Die Beilage kann zur Lösung vielfältiger Aufgaben genutzt werden.

Aufgaben zum Aufbau der Zahlenreihe:
- Schreibe die Zahlen von 1 bis ... in die Zahlenreihe. Wie weit kommst du?
- Nach welchem Kind (nach welcher Zahl) steht ein Ballon?
- Zeige deinem Nachbarn das Kind mit der Zahl 4, ... ,14, ...

Aufgaben zur Orientierung in der Zahlenreihe:
- Welches Kind steht vor der Zahl 3, welches Kind dahinter?
- Wie heißt der Vorgänger von Kind 8?
- Wie heißt der Nachfolger von Kind 10?
- Zwischen welchen Zahlen steht Kind 11?

Methodisch-didaktische Hinweise

Zahlenstrahl (Paket C): Auf der Rückseite der Beilage „Rechenhilfe" c) befindet sich ein Zahlenstrahl bis 100. An diesem Zahlenstrahl können Orientierungsübungen und Zählübungen durchgeführt werden. Zusätzlich können mit zwei Stiften auch Ergänzungsaufgaben zum nächsten Zehner gezeigt werden.

Geometrische Formen (Paket A): Für geometrische Grunderfahrungen mit Händen und Augen gibt es als Beilage ein Kartonblatt mit geometrischen Plättchen. Das Kartonblatt enthält 13 Quadrate und 20 gleichschenklig-rechtwinklige Dreiecke in drei unterschiedlichen Größen, jeweils auf der einen Seite gelb, auf der anderen Seite rot. Entsprechende Kunststoffplättchen sind als Arbeitsmittel „Geometrische Formen" erhältlich (Bestell-Nr. 978-3-507-44001-2). Es wird empfohlen, die Beilagen nach der Erstbenutzung in einem Umschlag im Klassenschrank bis zum nächsten Einsatz aufzubewahren.
Für die konkreten Handlungen zum Spiegeln (Heft B4) eignen sich besonders Kunststoffspiegel, die es als 10er-Päckchen gibt (Bestell-Nr. 978-3-507-42766-2).

Einer- und Zehnerkarten (Paket B und Paket C): Mit den Einer- und Zehnerkarten können die Kinder handelnd zweistellige Zahlen legen. Entsprechend der Montessori-Farben, die in den Heften durchgängig für Einer (grün) und Zehner (blau) verwendet werden, sind auch die Zahlenkarten gefärbt.
Auf die Zehnerkarten können statt der Null die grünen Einerkarten gelegt werden, so dass zweistellige Zahlen dargestellt werden. Bei einigen Übungen können die Zahlenkarten in der Originalgröße in den Heften passend zu dargestellten Mengen gelegt werden.

Mehrsystemblöcke: Die Darstellung der Zehner- und Zehner-Einer-Zahlen erfolgt zunächst mit Hilfe von Zehner-Eierkartons. Diese Darstellung wird durch den Einsatz von Mehrsystemblöcken, einzelne Würfel und Zehnerstangen, abgelöst.

Geld (Paket B und Paket C): Aus dieser Beilage können foliierte Münzen und Scheine herausgedrückt werden, mit denen die Kinder Geldbeträge legen.

Einmaleins-Tafel (Paket D): Die Beilage ist foliiert und daher abwaschbar. Sie kann problemlos mit wasserlöslichen Stiften, „Zauberstiften" und „Neocolor"-Zeichenkreide beschriftet werden und zur Lösung vielfältiger Aufgaben genutzt werden.
Die Kinder übertragen nach der Erarbeitung der einzelnen Einmaleins-Reihen die Ergebnisse – und die der Tauschaufgaben – in die Einmaleins-Tafel. Die Kinder sollten dabei die Multiplikations- und Divisionsaufgaben immer wieder mit Handlungen unterlegen und auswendig lernen.
Die ausgefüllte Einmaleins-Tafel bietet den Kindern einen Überblick über alle Einmaleins-Aufgaben, insbesondere Tauschaufgaben, Kern-Aufgaben und Nachbaraufgaben. Außerdem stellt die Einmaleins-Tafel eine Lösungshilfe bzw. -kontrolle dar.
Eine Übungsmöglichkeit mit der Einmaleins-Tafel in Partnerarbeit: Ein Kind deckt in der ausgefüllten Einmaleins-Tafel ein Ergebnis mit einem Wendeplättchen zu. Der Nachbar sucht am oberen und linken Rand die passenden Malzahlen und nennt die Multiplikationsaufgabe und das Ergebnis.

Einmaleins-Reihen am Zahlenstrahl (Paket D): Auf der Rückseite der Einmaleins-Tafel befinden sich sechs Zahlenstrahle, in die das Springen in den verschiedenen Einmaleins-Reihen eingetragen ist.
Die Kinder können mit wasserlöslichen Stiften die Einmaleins-Zahlen der jeweiligen Reihen eintragen und daran Multiplikations- und Divisionsaufgaben ablesen und üben.

2.2.3 Über die besondere Bedeutung des inneren Sprechens

Zwischen Aufgabenstellung und deren Lösungshandeln erfüllt der „Innere Dialog" eine Vermittlerrolle. Sprachliche Prozesse in Form von Selbstanweisungen ermöglichen ein selbstgesteuertes, planvolles Handeln. Dazu sind Modelle nötig, die dem Lernenden anhand einer Beispielaufgabe effizientes Verhalten demonstrieren, in dem sie alle intern ablaufenden kognitiven Prozesse beobachtbar machen. Dies geschieht in Form von Selbstanweisungen, die von der Lehrkraft laut ausgesprochen werden. Diese übernimmt der Lernende im weiteren Verlauf, bis sie zum stillen „inneren Dialog" werden. (vgl. Schulpsychologischer Dienst der Bezirksregierung Koblenz 1996, S. 15–22)

Methodisch-didaktische Hinweise

Beispiel für einen Rechenvers bei zweischrittigen Aufgaben mit Zehnerübergang:

9 + 3 = _____	„Neun plus drei ist gleich
_____	das rechnen wir so:
9 + 1 = 10	neun plus eins ist gleich 10,
10 + 2 = 12	zehn plus zwei ist gleich zwölf.
	Wir schreiben das Ergebnis auf die Linie."

2.2.4 Automatisieren – Langzeitspeicherung: Wiederholungs- und Merkseiten, Advance Organizer

Eine dauerhafte Speicherung von Lerninhalten setzt voraus, dass über Tage, Wochen und Monate der Stoff immer wieder in angemessenen Abständen wiederholt wird. Für lernschwache Schüler und Schülerinnen müssen oft noch am selben Tag ein oder mehrere Wiederholungsdurchgänge erfolgen. (vgl. Jansen, F.; Streit, U. 2006, S. 135 – 140)

Um im Vorfeld das zu erwerbende Wissen in einer logisch zusammenhängenden Struktur zu präsentieren, während einer Lernsequenz aufzuzeigen, was bisher gelernt wurde und wie es weiter geht oder um am Ende einer Lernsequenz den Zusammenhang des Gelernten nochmals zu verdeutlichen, bietet sich die Methode „Advance Organizer" an.

Mittels Ankerbegriffen wird eine vorausgehende Themenvernetzung möglich. Die Lehrkraft bietet den Kindern die zu vermittelnden Lerninhalte in einer allgemeinen, logisch zusammenhängenden Struktur zu Beginn einer Lernsequenz an. Hierzu werden 20 bis 40 Begriffe visualisiert und in einer logischen Weise miteinander verknüpft. So sorgt der „Advance Organizer" für besseres Verstehen, langfristigeres Behalten und bessere Transferleistungen.

Es ist günstig, wenn der „Advance Organizer" den Kindern während der gesamten Lerneinheit schriftlich zur Verfügung steht. (vgl. Wahl, Diethelm 2006, S. 279)

2.2.5 Lebensweltbezug

Unterscheiden sich die Vorerfahrungen von Schülerinnen und Schülern von den mittelschichtorientierten Erwartungen von Schule, so ist die Berücksichtigung ihrer Lebensbedingungen, ihres emotionalen Zugangs zum Thema und eine unterstützende, Sicherheit gebende Unterrichtskultur außerordentlich bedeutsam.

Literatur:

Gerlach, Maria; Fritz, Annemarie; Ricken, Gabi; Schmidt, Siegbert (2011):
Kalkulie Trainingsprogramm Baustein 1. Berlin, Cornelsen

Jansen, Fritz ; Streit, Uta (2006): Positiv lernen. Heidelberg, Springer

Moser Opitz, Elisabeth (2008): Zählen-Zahlbegriff-Rechnen. Bern Stuttgart Wien, Haupt

Scherer, Petra; Moser Opitz, Elisabeth (2012): Fördern im Mathematikunterricht der Primarstufe. Heidelberg, Spektrum

Schulpsychologischer Dienst der Bezirksregierung Koblenz (1996): Training für unaufmerksam-überaktive Kinder zur Steigerung der Aufmerksamkeit bei Problemlöseprozessen. Koblenz

Wahl, Diethelm (2006): Lernumgebungen erfolgreich gestalten. Bad Heilbrunn, Klinkhardt

Werning, Rolf; Lüdje-Klose, Birgit (2012):
Einführung in die Pädagogik bei Lernbeeinträchtigungen. München Basel, Reinhardt

3. Beobachtungsbögen und Lernerfolgskontrollen

3.1 Hinweise

Zu jedem Arbeitsheft des Inklusionsmaterials gibt es einen einseitigen Beobachtungsbogen, der in verschiedene Inhaltsbereiche und deren jeweilige inhaltsbezogene Kompetenzen unterteilt ist.

Für jede hier angegebene Kompetenz finden sich nebenstehend Angaben zu Heftseiten, die darauf Bezug nehmen.

Mit Hilfe einer vierstufigen Könnenskala kann die Leistung eines Kindes gekennzeichnet werden:

(++)   fehlerfrei

(+)   einzelne Fehler

(−)   mehr als 50 % fehlerhaft

(− −)   fast alles falsch oder ungelöst.

Zu verschiedenen Zeitpunkten kann ein Kind beim Bearbeiten der Seiten beobachtet und sein aktuelles Können eingeschätzt werden. Möglich ist auch eine Beobachtung und Einschätzung mehrerer Schüler zum gleichen Zeitpunkt.

Die letzte Spalte gibt an, in welchen Aufgaben der Lernerfolgskontrolle die jeweiligen Kompetenzbereiche abgefragt werden.

Die Aussagen der Beobachtungsbögen dienen als Grundlage für die Evaluation des Förderplans und seiner Neuauflage.

Lernerfolgskontrollen dienen der Rückmeldung über den Unterrichtserfolg. Sie geben Auskunft über den derzeitigen Grad der Beherrschung der im Unterricht erworbenen mathematischen Kompetenzen.

Da das Konzipieren von Lernerfolgskontrollen im Fach Mathematik hohe Anforderungen an die Lehrkräfte stellt, liegt zur Erleichterung der Vorbereitung von Lernerfolgskontrollen für die Arbeitshefte A2 bis D4 jeweils eine Lernerfolgskontrolle in dieser Handreichung vor. Zusätzlich gibt es Bausteine zur Erweiterung oder Veränderung jeder Lernerfolgskontrolle.

Eine Punkteleiste ermöglicht eine Verwendung als benoteter Leistungsnachweis.

Die Lernerfolgskontrollen können nach der Erarbeitung der Lerninhalte des jeweiligen Heftes eingesetzt werden und sind Grundlage einer schriftlichen Dokumentation des aktuellen, individuellen Niveaus der zu erwerbenden mathematischen Kompetenz. Zu einem späteren Zeitpunkt – wiederholt eingesetzt – dienen sie der schriftlichen Überprüfung eines nachhaltigen, dauerhaften Lernerfolgs. So begleiten sie den Unterricht und ergänzen die Beobachtungen während des Unterrichts. Sie geben Rückmeldung über den Unterrichtserfolg als Basis für die weitere Förderplanung, weisen hin auf Lernvoraussetzungen, auf die bei neuen Inhalten aufzubauen ist, dokumentieren die Lernbiographie des einzelnen Kindes und sind Grundlage für Schüler- und Elterngespräche sowie für das Zeugnisschreiben.

3.2 Beobachtungsbögen und Lernerfolgskontrollen zu allen 16 Heften

Auf den nachfolgenden Seiten sind zu den Heften A2 bis D4 jeweils vier Seiten konzipiert, bestehend aus einem Beobachtungsbogen, einer ein- oder zweiseitigen Lernerfolgskontrolle sowie einer Seite bzw. zwei Seiten mit alternativen Aufgaben, mit denen nach dem Bausteinprinzip die Lernerfolgskontrollen individuell angepasst werden können.

Dem Heft A1 ist ein Beobachtungsbogen zugeordnet.

Name: _____

	Heftseite	Datum Bemerkung	Datum Bemerkung	Datum Bemerkung
Farben				
kann Farben Rot / Gelb / Blau / Grün erkennen und benennen	2 bis 5			
Oberbegriffe				
kann zum Oberbegriff Passendes zeigen	6, 7			
Raumlage links / rechts				
kann rechts / links am Körper angeben	8			
kann rechts / links standortabhängig angeben	9 bis 11			
kann die Blickrichtung rechts / links angeben	32			
Auge-Hand-Koordination				
kann Linien nachspuren	12, 13			
Wahrnehmungskonstanz				
kann das gleiche Bild erkennen	14, 15			
Formen: Dreieck, Viereck, Kreis				
kann gleiche Formen erkennen	16, 17			
Muster fortsetzen				
kann eine Musterfolge fortführen	20 bis 23			
Formen (Dreieck, Viereck)				
kann vorgegebene Figuren mit den Formen „Viereck" und „Dreieck" auslegen	24 bis 27			
Mengenvergleiche: gleich / mehr				
kann angeben, dass die Anzahl zweier Mengen gleich ist	28			
kann Mengen vergleichen und angeben, welche Menge „mehr" ist	29			
Lagebeziehungen: oben / unten und rechts / links				
kann die Raumlage rechts oben / rechts unten, links oben / links unten angeben	30, 31			

Könnensstufen: fehlerfrei (++)   einzelne Fehler (+)   mehr als 50 % fehlerhaft (–)   fast alles falsch oder ungelöst (– –)

Name: _____

	Heftseite	Datum Bemerkung	Datum Bemerkung	Lernerfolgskontrolle
Zahlenraum 1 bis 6				
Menge zu Zahl bzw. Zahl zu Menge zuordnen				
Zahlen 1 bis 3: kann zu einer Menge die passende Zahl bzw. zu einer Zahl die passende Menge angeben	12, 13			
Zahlen 1 bis 6: kann zu einer Menge die passende Zahl bzw. zu einer Zahl die passende Menge angeben	2, 3, 20 bis 26			Aufgabe 1, 2
Zahlen 1, 2, 3, 4, 5, 6, 0 schreiben				
kann die Zahl 1 schreiben	6, 7			
kann die Zahl 2 schreiben	8, 9			
kann die Zahl 3 schreiben	10, 11			
kann die Zahl 4 schreiben	14, 15			
kann die Zahl 5 schreiben	16, 17			
kann die Zahl 6 schreiben	18, 19			
kann die Zahl 0 schreiben	27			
Zahlenreihe 1 bis 6				
kann die Zahlenreihe von 1 bis 6 aufschreiben	28			Aufgabe 4
kann Vorgänger und Nachfolger einer Zahl aufschreiben	29			Aufgabe 3
Mengenvergleiche 1 bis 6: größer >, kleiner <				
kann beim Mengenvergleich angeben, welche Menge größer/kleiner ist	30 bis 32			
kann beim Mengenvergleich das passende Zeichen > oder < einsetzen	31, 32			Aufgabe 5
kann die Zeichen > und < schreiben	30 bis 32			

Könnenstufen: fehlerfrei (++)   einzelne Fehler (+)   mehr als 50% fehlerhaft (−)   fast alles falsch oder ungelöst (−−)

1

3

2

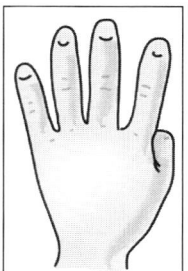 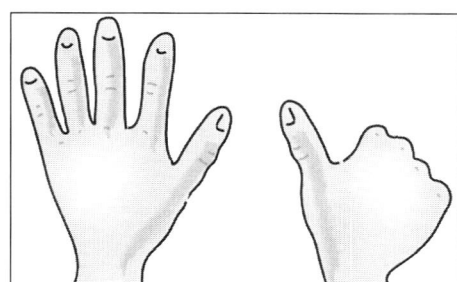 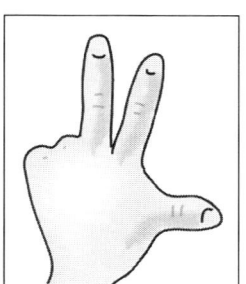 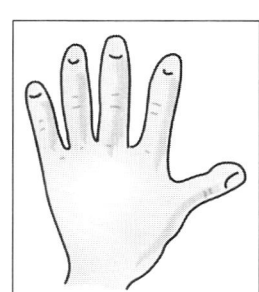

4   5   6   3

4

3

Vorgänger   Zahl   Nachfolger

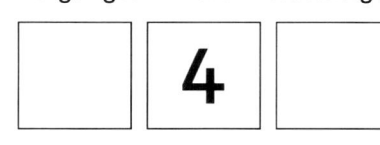

4
5

Vorgänger   Zahl   Nachfolger

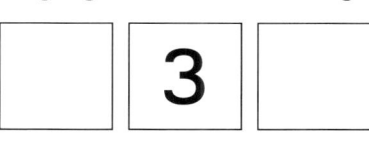

3
2

8

4

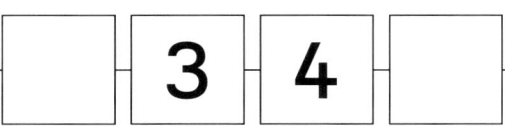

3 4

3 4

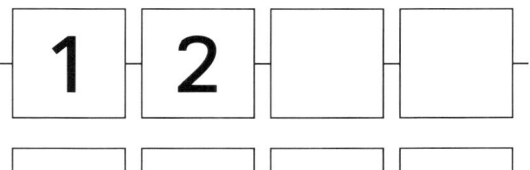
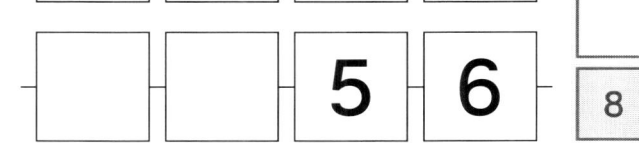

1 2

5 6

8

5 Setze ein: > oder <

1   5
6   5

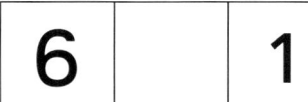

6   1
4   2

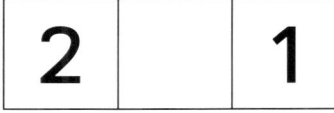

2   1
0   3

6

Du hast ___ Punkte von ___ möglichen Punkten erreicht.

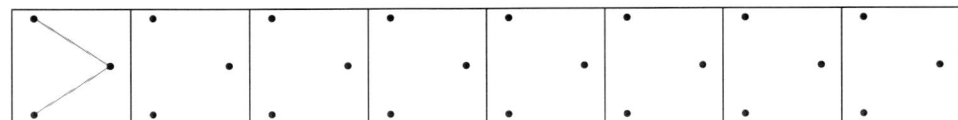

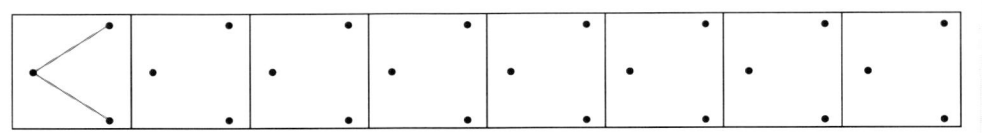

2

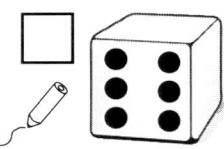 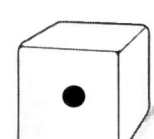    

| 1 | 5 | 6 | 3 | 2 | 4 |

6

| 1 | 5 | 6 | 3 | 2 | 4 |

 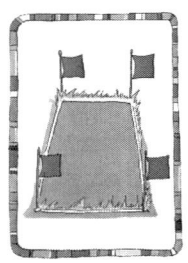    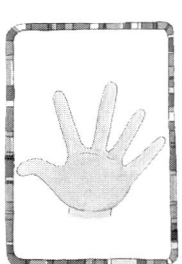

6

□ ○○○○○   ○○○○○   ○○○○○○   ○○○○○○

    | 4 | | 1 | | 2 | | 5 |

4

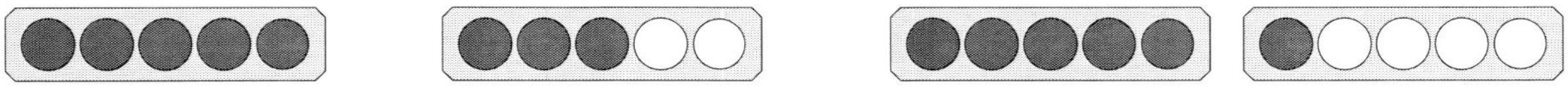

□ ●●●●●   ●●●○○   ●●●●●   ●○○○○

3

□

1   ☐   3   ☐   5   ☐

3

□   Vorgänger   Zahl   Nachfolger   Vorgänger   Zahl   Nachfolger

    ☐   2   ☐   ☐   4   ☐

4

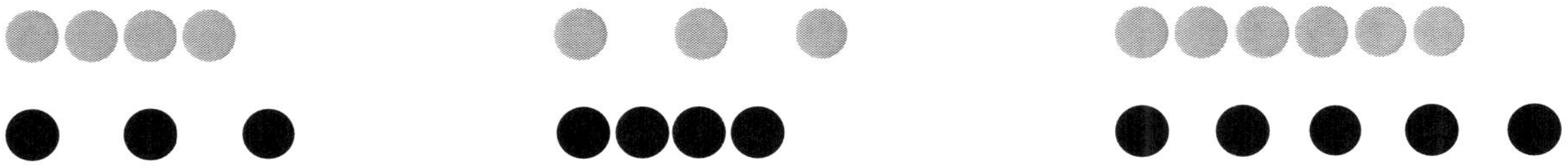

□ ●●●●   ● ● ●   ●●●●●●
   ● ● ●   ●●●●   ● ● ● ● ●

| 4 | > | | | | | | | | |

5

21

Beobachtungsbogen zu Heft A3 „Erstes Rechnen bis 6"

Name: _____

	Heftseite	Datum Bemerkung	Datum Bemerkung	Lernerfolgskontrolle
Zahlzerlegung				
kann die Zahl 3 zerlegen, kann die Zahl 4 zerlegen	2, 4, 5			Aufgabe 1
kann die Zahl 5 zerlegen, kann die Zahl 6 zerlegen	3, 4, 5			Aufgabe 1
Plus-Geschichten				
kann zu einem Bild die passende Plus-Aufgabe schreiben	6 bis 13			Aufgabe 3
Addieren mit Rechenschiff und Rechenhilfe				
kann passend zum Rechenschiff-Bild die Plus-Aufgabe aufschreiben und lösen	14, 16			
kann passend zur Plus-Aufgabe die Plättchen in die Rechenschiffe legen und malen	15, 17			Aufgabe 8
kann eine Zahl an der Rechenhilfe zeigen	18			Aufgabe 2
kann eine an der Rechenhilfe dargestellte Plus-Aufgabe erkennen, aufschreiben und lösen	19, 20			
Addieren				
kann Plus-Aufgaben im Kopf, ohne Anschauung lösen	21			Aufgabe 4
Minus-Geschichten				
kann zu einem Bild die passende Minus-Aufgabe schreiben	22 bis 25			Aufgabe 5
Subtrahieren mit Rechenschiff und Rechenhilfe				
kann passend zum Rechenschiff-Bild die Minus-Aufgabe aufschreiben und lösen	26, 27			Aufgabe 6
kann passend zur Minus-Aufgabe die Plättchen in die Rechenschiffe legen und malen	28, 29			
kann eine an der Rechenhilfe dargestellte Minus-Aufgabe erkennen, aufschreiben und lösen	30, 31			
Subtrahieren				
kann Minus-Aufgaben im Kopf, ohne Anschauung lösen	32			Aufgabe 7

Könnenstufen: fehlerfrei (++)   einzelne Fehler (+)   mehr als 50 % fehlerhaft (–)   fast alles falsch oder ungelöst (– –)

1 Zerlege.

4	
1	
	4
3	
	2

5	
3	
	2
1	
	5

6	
2	
	0
4	
	3

☐

12

2 Zeichne den Stift ein.

◯◯◯◯◯◯◯◯◯ | 10

6

◯◯◯◯◯◯◯◯◯ | 10

4

☐

2

3

☐ + ☐ = ☐   ☐ + ☐ = ☐   ☐ + ☐ = ☐

☐

6

4

2 + 2 = ☐   1 + 4 = ☐   3 + 2 = ☐

5 + 1 = ☐   1 + 1 = ☐   1 + 0 = ☐

2 + 0 = ☐   3 + 3 = ☐   4 + 1 = ☐

2 + 1 = ☐   2 + 3 = ☐   4 + 2 = ☐

0 + 3 = ☐   1 + 5 = ☐   0 + 6 = ☐

☐

15

5

Es waren ____. [ ] – [ ] = [ ]   Es waren ____. [ ] – [ ] = [ ]

[ ]
4

6

[ ] – [ ] = [ ]   [ ] – [ ] = [ ]

[ ]
4

7

5 – 5 = [ ]	6 – 1 = [ ]	6 – 4 = [ ]
2 – 0 = [ ]	3 – 3 = [ ]	5 – 4 = [ ]
4 – 3 = [ ]	5 – 3 = [ ]	6 – 3 = [ ]
5 – 0 = [ ]	4 – 0 = [ ]	6 – 2 = [ ]
5 – 2 = [ ]	3 – 2 = [ ]	6 – 0 = [ ]

[ ]
15

8

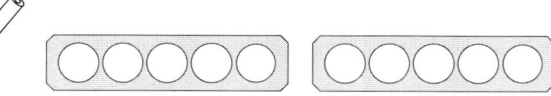

2 + 3 = [ ]

3 + 1 = [ ]

1 + 5 = [ ]

[ ]
3

Du hast ____ Punkte von ____ möglichen Punkten erreicht.

☐ Zeige die Plusaufgabe an der Rechenhilfe. Schreibe und löse sie.

☐ + ☐ = ☐   ☐ + ☐ = ☐

☐

4

☐ Zerlege.

5

 | 5 | 0 |
   | 4 | ☐ |

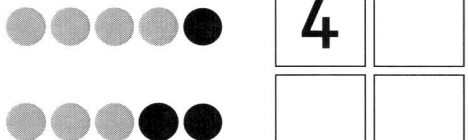 | ☐ | ☐ |

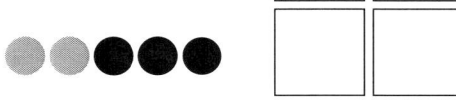 | ☐ | ☐ |

6

 | 6 | ☐ |

 | ☐ | ☐ |

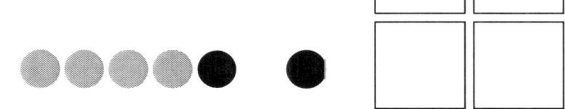 | ☐ | ☐ |

 | ☐ | ☐ |

 | ☐ | ☐ |

 | ☐ | ☐ |

☐

12

☐

✏

5 − 3 = ☐   6 − 2 = ☐

☐

4

☐ Zeige die Minusaufgabe an der Rechenhilfe. Schreibe und löse sie.

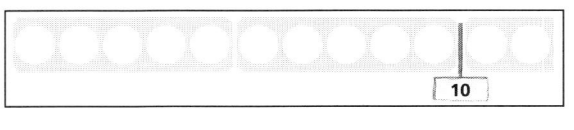   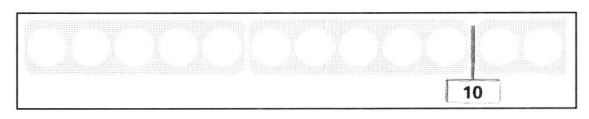

☐ − ☐ = ☐   ☐ − ☐ = ☐

☐

4

Beobachtungsbogen zu Heft A4
„Rechnen bis 6 / Zahlen 7 bis 10"

Name: _____

	Heftseite	Datum Bemerkung	Datum Bemerkung	Lernerfolgskontrolle
Zahlenraum 1 bis 6: Addieren				
kann eine im Rechenschiff dargestellte Plus-Aufgabe an der Rechenhilfe zeigen, diese Aufgabe mit Zahlen in eine Rechengleichung eintragen und diese lösen	2, 3			
kann Plus-Aufgaben im Kopf, ohne Anschauung lösen	4, 5, 10, 11			Aufgabe 6
Zahlenraum 1 bis 6: Subtrahieren				
kann eine im Rechenschiff dargestellte Minus-Aufgabe an der Rechenhilfe zeigen, diese Aufgabe mit Zahlen in eine Rechengleichung eintragen und diese lösen	6, 7			Aufgabe 8
kann Minus-Aufgaben im Kopf, ohne Anschauung lösen	8, 9, 10, 11			
Zahlenraum 6 bis 10: Menge zu Zahl bzw. Zahl zu Menge ordnen				
kann zu einer Menge die passende Zahl bzw. zu einer Zahl die passende Menge angeben	12, 13, 21			Aufgabe 2
kann zu Plättchen im Rechenschiff die Zahl angeben	22			
kann zu einer Zahl die Plättchen in die Rechenschiffe malen	23			Aufgabe 1
Zahlen 7, 8, 9, 10 schreiben	14 bis 21			
Zahlenreihe 1 bis 10				
kann die Zahlenreihe von 1 bis 10 aufschreiben	24			Aufgabe 4
kann Vorgänger und Nachfolger einer Zahl aufschreiben	25			Aufgabe 3
Mengenvergleiche 1 bis 10				
kann beim Mengenvergleich erkennen, welche Menge größer/kleiner ist und das passende Zeichen > oder < einsetzen	26, 27			Aufgabe 5
Zahlzerlegungen 7 bis 10				
kann die Zahl 7 zerlegen	28			Aufgabe 7
kann die Zahl 8 zerlegen	29			
kann die Zahl 9 zerlegen	30			Aufgabe 7
kann die Zahl 10 zerlegen	31, 32			

Könnenstufen: fehlerfrei (++)   einzelne Fehler (+)   mehr als 50 % fehlerhaft (–)   fast alles falsch oder ungelöst (– –)

1 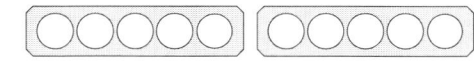 | 6   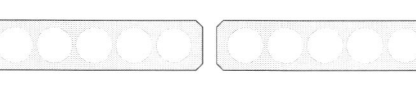 | 9   ☐

  | 10 | 7   4

2

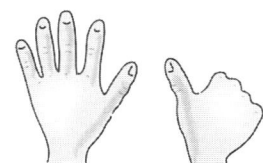  ☐   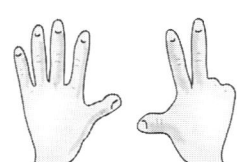  ☐

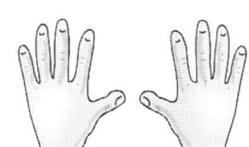  ☐   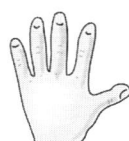  ☐

                                            4

3

Vorgänger	Zahl	Nachfolger		Vorgänger	Zahl	Nachfolger
☐	8	☐		☐	5	☐
☐	9	☐		☐	7	☐

                      ☐   8

4

☐	5	6	☐		☐	8	☐	☐
☐	☐	4	5		☐	☐	7	☐

                      ☐   10

5 Setze ein: > oder <

5	☐	3		4	☐	6		7	☐	10
1	☐	9		8	☐	4		10	☐	5

                      ☐   6

6 $1 + 3 = \boxed{}$ $4 + 1 = \boxed{}$ $2 + 2 = \boxed{}$

$2 + 4 = \boxed{}$ $3 + 3 = \boxed{}$ $3 + 2 = \boxed{}$

$0 + 3 = \boxed{}$ $1 + 5 = \boxed{}$ $0 + 6 = \boxed{}$

$\boxed{}$ $\boxed{9}$

7   Zerlege und male.

$\boxed{}$ $\boxed{12}$

8

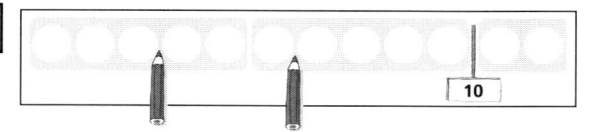   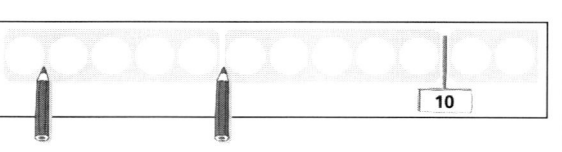

$\boxed{} - \boxed{} = \boxed{}$ $\boxed{} - \boxed{} = \boxed{}$

$\boxed{}$ $\boxed{4}$

9 $5 - 5 = \boxed{}$ $6 - 1 = \boxed{}$ $6 - 2 = \boxed{}$

$2 - 0 = \boxed{}$ $3 - 3 = \boxed{}$ $5 - 4 = \boxed{}$

$4 - 3 = \boxed{}$ $5 - 3 = \boxed{}$ $6 - 0 = \boxed{}$

$\boxed{}$ $\boxed{9}$

Du hast ___ Punkte von ___ möglichen Punkten erreicht.

☐ Schreibe die fehlenden Zahlen.

☐   Vorgänger   Zahl   Nachfolger   Vorgänger   Zahl   Nachfolger

☐ Schreibe die Anzahl auf und vergleiche: > oder <

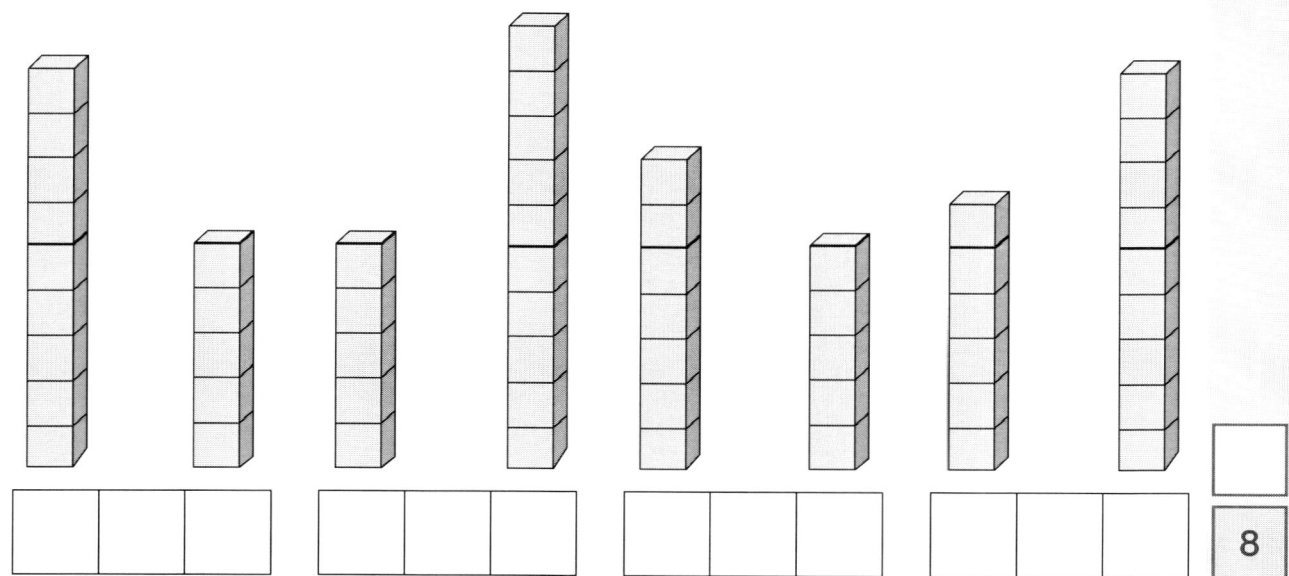

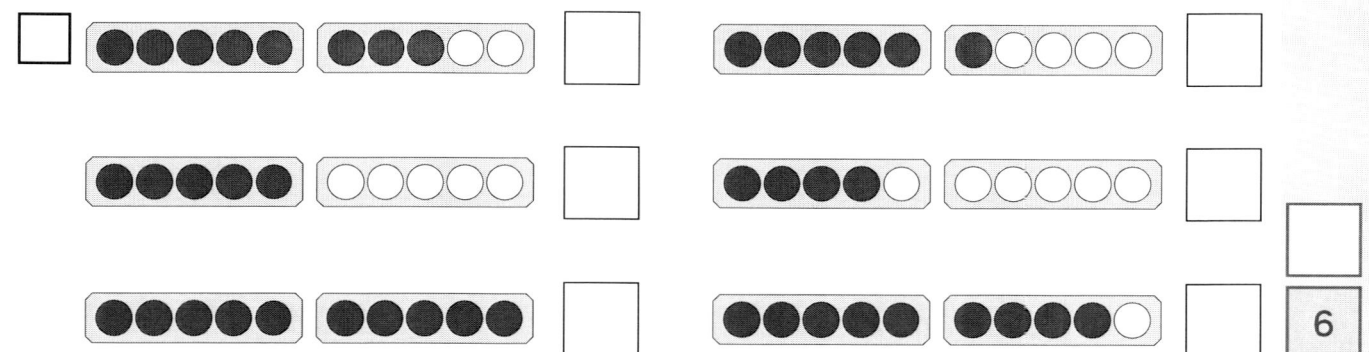

29

Beobachtungsbogen zu Heft B1 „Rechnen bis 10"

Name: _____

© Bildungshaus Schulbuchverlage

	Heftseite	Datum / Bemerkung	Datum / Bemerkung	Lernerfolgs-kontrolle
Plus-Geschichten bis 10				
kann bildhaft dargestellte Plus-Geschichten und deren Aufgabe durch passende Zahlen vervollständigen und lösen	2, 3			
Addieren bis 10 mit Rechenschiff und Rechenhilfe				
kann passend zum Rechenschiff-Bild die fehlenden Zahlen in der Plus-Aufgabe eintragen und die Aufgabe lösen	4			
kann eine dargestellte Menge im Rechenschiff und auf der Rechenhilfe erkennen und die passende Zahl aufschreiben	5			
kann eine im Rechenschiff dargestellte Plus-Aufgabe in die Rechenhilfe eintragen, die passenden Zahlen in die Plus-Aufgabe schreiben und diese lösen	6, 7			
Minus-Geschichten bis 10				
kann bildhaft dargestellte Minus-Geschichten und deren Minus-Aufgaben durch passende Zahlen vervollständigen und lösen	8, 9			
Subtrahieren bis 10 mit Rechenschiff und Rechenhilfe				
kann passend zum Rechenschiff-Bild die fehlenden Zahlen in der Minus-Aufgabe eintragen und die Aufgabe lösen	10			
kann eine im Rechenschiff geordnet dargestellte Minus-Aufgabe in die Rechenhilfe eintragen, die passenden Zahlen in die Minus-Aufgabe schreiben und diese lösen	11, 12			
Subtrahieren und Addieren bis 10				
kann Plus- und Minus-Aufgaben im Kopf, ohne Anschauung lösen	13 bis 15, 32			Aufgabe 1, 2
Zusammenhang von Aufgaben erkennen: Tauschaufgaben, Ergänzen, Umkehraufgabe, Aufgabenfamilien				
kann Tauschaufgaben mit und ohne Anschauung bilden und lösen	16 bis 18			Aufgabe 3
kann additive Ergänzungsaufgaben mit Anschauung lösen	19 bis 21			
kann additive Ergänzungsaufgaben ohne Anschauung lösen	22, 23			Aufgabe 4
kann Umkehraufgaben mit Anschauung bilden und lösen	24 bis 28			
kann Umkehraufgaben ohne Anschauung bilden und lösen	29			Aufgabe 5
kann aus einem Zahlentripel vier verwandte Aufgaben bilden und lösen	30, 31			Aufgabe 6

Könnenstufen: fehlerfrei (++)   einzelne Fehler (+)   mehr als 50% fehlerhaft (−)   fast alles falsch oder ungelöst (−−)

1
$1 + 7 =$ ☐ $3 + 7 =$ ☐ $0 + 6 =$ ☐ ☐
$3 + 4 =$ ☐ $2 + 5 =$ ☐ $4 + 4 =$ ☐ 6

2
$7 - 2 =$ ☐ $5 - 4 =$ ☐ $8 - 4 =$ ☐ ☐
$10 - 6 =$ ☐ $6 - 0 =$ ☐ $9 - 5 =$ ☐ 6

3 Bilde die Tauschaufgabe und löse.

$5 + 3 =$ ☐ $7 + 2 =$ ☐ $6 + 0 =$ ☐ ☐
☐ $+$ ☐ $=$ ☐   ☐ $+$ ☐ $=$ ☐   ☐ $+$ ☐ $=$ ☐ 6

4 Ergänze.

$5 +$ ☐ $= 9$ $1 +$ ☐ $= 9$ $5 +$ ☐ $= 10$ ☐
$3 +$ ☐ $= 8$ $2 +$ ☐ $= 3$ $2 +$ ☐ $= 10$ 6

5 Bilde die Umkehraufgabe und löse.

$8 + 2 =$ ☐ $3 + 3 =$ ☐ $4 + 5 =$ ☐ ☐
☐ $-$ ☐ $=$ ☐   ☐ $-$ ☐ $=$ ☐   ☐ $-$ ☐ $=$ ☐ 6

6 Schreibe vier verwandte Aufgaben und löse sie.

☐

12

Du hast ____ Punkte von ____ möglichen Punkten erreicht.   31

☐ Schreibe die Tauschaufgabe und löse sie.

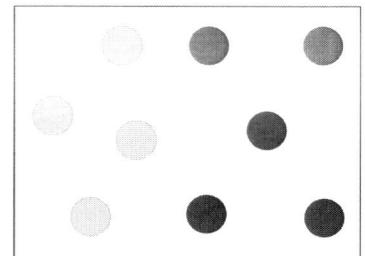  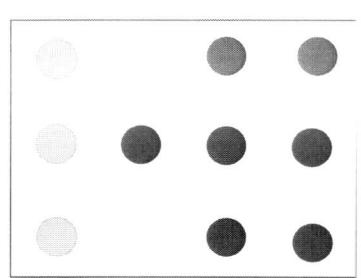

4 + 5 = ☐   8 + 1 = ☐   3 + 7 = ☐

5 + ☐ = ☐   ☐ + ☐ = ☐   ☐ + ☐ = ☐   ☐ 3

☐ Ergänze.

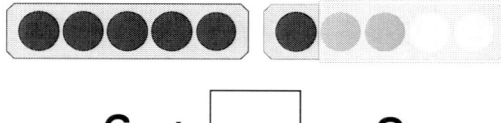   

6 + ☐ = 8   4 + ☐ = 6   ☐ 2

☐ Schreibe Aufgabe und Umkehraufgabe und löse sie.

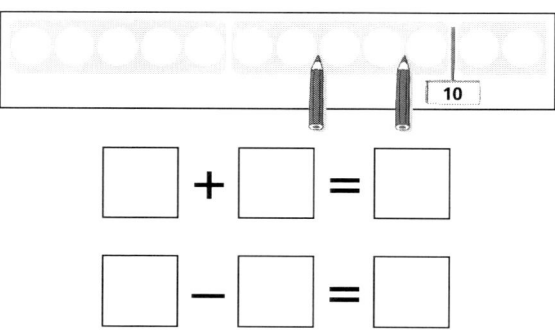   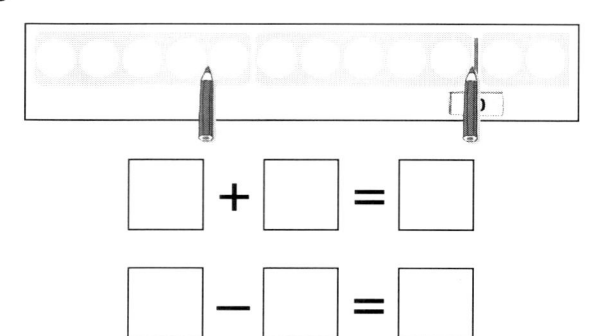

☐ + ☐ = ☐   ☐ + ☐ = ☐

☐ − ☐ = ☐   ☐ − ☐ = ☐   ☐ 6

☐ Schreibe die verwandten Aufgaben auf und rechne aus.

6 + 3 = ☐   5 + ☐ = ☐   1 + ☐ = ☐

3 + 6 = ☐   2 + ☐ = ☐   3 + ☐ = ☐

9 − 3 = ☐   7 − ☐ = ☐   4 − ☐ = ☐

9 − 6 = ☐   7 − ☐ = ☐   4 − ☐ = ☐   ☐ 6

☐       

☐ + ☐ = ☐   ☐ + ☐ = ☐   ☐ + ☐ = ☐   ☐ **3**

☐ **Trage die Plusaufgaben in die Rechenhilfe ein, schreibe die Aufgabe und löse sie.**

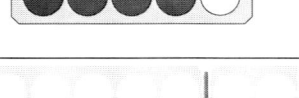   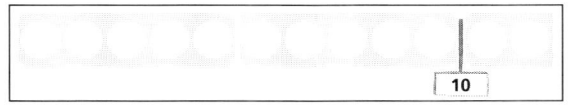

☐ + ☐ = ☐   ☐ + ☐ = ☐   ☐ **4**

☐  

Es waren ___.   ☐ − ☐ = ☐   Es waren ___.   ☐ − ☐ = ☐   ☐ **2**

☐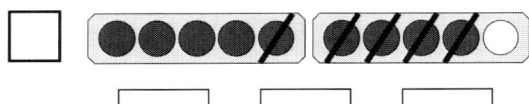

☐ − ☐ = ☐   ☐ − ☐ = ☐   ☐ **2**

33

Name: _____

	Heftseite	Datum Bemerkung	Datum Bemerkung	Lernerfolgskontrolle
Zahlenraum 11 bis 20: Menge zu Zahl zuordnen				
kann zu einer Menge die passende Zahl angeben	2, 3			
Bündeln, Stellenschreibweise Zehner/Einer				
kann zu einer Mengendarstellung anhand von Eierkartons, Obst- und Gemüsekisten, Rechenschiffen und Rechenhilfe Zehner und Einer angeben	4 bis 9			
Zahlenreihe 11 bis 20				
kann die Zahlenreihe von 11 bis 20 aufschreiben	10, 11			Aufgabe 1
kann Vorgänger und Nachfolger einer Zahl aufschreiben	12, 13			Aufgabe 2
Mengenvergleiche 11 bis 20: > oder <				
kann beim Mengenvergleich per Anschauung erkennen, welche Menge größer/kleiner ist und das passende Zeichen > oder < einsetzen	14			
kann beim Mengenvergleich ohne Anschauung passendes Zeichen > oder < einsetzen	15			Aufgabe 3
Addieren mit 10 mit und ohne Anschauung	17			
Analogieaufgaben bei Plus-Aufgaben				
kann eine „große" und die dazu passende „kleine" Aufgabe mit Anschauung lösen	18			
kann eine „große" und die dazu passende „kleine" Aufgabe ohne Anschauung lösen	18, 19, 23			Aufgabe 4
kann „große" Aufgaben im Zahlenraum 11 bis 20 ohne Anschauung lösen	19			
Subtrahieren zur 10 mit und ohne Anschauung	20			
Analogieaufgaben bei Minus-Aufgaben				
kann eine „große" und die dazu passende „kleine" Aufgabe mit Anschauung lösen	21			
kann eine „große" und die dazu passende „kleine" Aufgabe ohne Anschauung lösen	21, 22, 23			Aufgabe 5
kann „große" Aufgaben im Zahlenraum 11 bis 20 ohne Anschauung lösen	22			
Addieren im Zahlenraum 11 bis 20				
kann Plus-Aufgaben im Kopf, ohne Anschauung lösen	16, 24, 25, 28			Aufgabe 6
Subtrahieren im Zahlenraum bis 20				
kann Minus-Aufgaben im Kopf, ohne Anschauung lösen	16, 26, 27, 29			Aufgabe 7
Additives Ergänzen 11 bis 20				
kann additive Ergänzungsaufgaben mit Anschauung lösen	20, 31, 32			Aufgabe 8

Könnenstufen: fehlerfrei (++) einzelne Fehler (+) mehr als 50 % fehlerhaft (–) fast alles falsch oder ungelöst (– –)

1

1	2		
11	12		

8	9		
18	19		

5	6		
15			

3	4		
13			

4

2

Vorgänger   Zahl   Nachfolger

	13	
16		
		12

Vorgänger   Zahl   Nachfolger

	18	
9		
		20

6

3 Setze ein: > oder <

1 1		1 6
1 3		1 0
1 5		1 2

2 0		1 9
1 7		2 0
1 3		1 9

9		1 9
1 7		7
6		1 6

9

4 Die „kleine" Aufgabe hilft.

1 5 + 2 =	
+ =	

1 6 + 1 =	
+ =	

1 3 + 6 =	
+ =	

6

5 Die „kleine" Aufgabe hilft.

$18 - 3 = \boxed{}$ $15 - 2 = \boxed{}$ $13 - 2 = \boxed{}$ $\boxed{}$

$\boxed{} - \boxed{} = \boxed{}$ $\boxed{} - \boxed{} = \boxed{}$ $\boxed{} - \boxed{} = \boxed{}$ 6

6 $12 + 7 = \boxed{}$ $15 + 5 = \boxed{}$ $13 + 6 = \boxed{}$

$11 + 6 = \boxed{}$ $16 + 3 = \boxed{}$ $11 + 7 = \boxed{}$

$12 + 8 = \boxed{}$ $14 + 5 = \boxed{}$ $15 + 2 = \boxed{}$ 9

7 $20 - 8 = \boxed{}$ $15 - 3 = \boxed{}$ $16 - 6 = \boxed{}$

$10 - 3 = \boxed{}$ $19 - 5 = \boxed{}$ $18 - 4 = \boxed{}$

$16 - 4 = \boxed{}$ $20 - 1 = \boxed{}$ $20 - 5 = \boxed{}$ 9

8 Ergänze.

 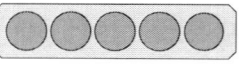 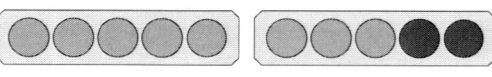 

$13 + \boxed{} = 16$

 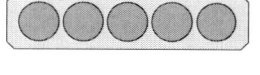 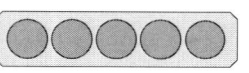 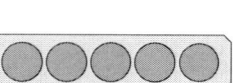 

$16 + \boxed{} = 18$

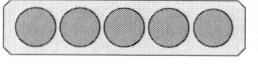 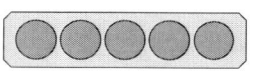 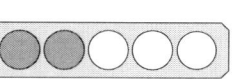 

$12 + \boxed{} = 16$ 3

© Bildungshaus Schulbuchverlage

☐ Vergleiche und setze ein: > oder <

| 1 | 2 | | ☐ | | ☐ ┆ ☐ |

| ☐ ┆ ☐ | | ☐ | | ☐ ┆ ☐ |

☐ Die „kleine" Aufgabe hilft.

| 1 | 7 | + | 1 | = | |

| | 7 | + | 1 | = | |

5

| 1 | 1 | + | 5 | = | |

| | 1 | + | 5 | = | |

4

☐ | 1 | 3 | + | 4 | = | | | 1 | 8 | + | 1 | = | | | 1 | 2 | + | 6 | = | |

| | 3 | + | 4 | = | | | | 8 | + | 1 | = | | | | 2 | + | 6 | = | |

6

☐ Die „kleine" Aufgabe hilft.

| 1 | 7 | – | 2 | = | |

| | 7 | – | 2 | = | |

| 1 | 5 | – | 1 | = | |

| | 5 | – | 1 | = | |

4

☐ | 1 | 3 | – | 1 | = | | | 1 | 8 | – | 7 | = | | | 1 | 7 | – | 4 | = | |

| | 3 | – | 1 | = | | | | 8 | – | 7 | = | | | | 7 | – | 4 | = | |

6

© Bildungshaus Schulbuchverlage

Name: _____

	Heftseite	Datum Bemerkung	Datum Bemerkung	Lernerfolgs-kontrolle
Zahlzerlegung 2 bis 10				
kann die Zahlen von 2 bis 9 zerlegen	4			
kann die Zahl 10 zerlegen	5			
Schrittweises Addieren mit Zehnerübergang				
kann Plus-Aufgaben mit Zehnerüberschreitung mit Anschauungshilfe schrittweise lösen	6 bis 11			
kann Plus-Aufgaben mit Zehnerüberschreitung ohne Anschauung schrittweise lösen	12, 13, 24			Aufgabe 1, Aufgabe 3
Schrittweises Subtrahieren mit Zehnerübergang				
kann Minus-Aufgaben mit Zehnerunterschreitung mit Anschauungshilfe schrittweise lösen	16 bis 21			
kann Minus-Aufgaben mit Zehnerunterschreitung ohne Anschauungshilfe schrittweise lösen	22, 23, 25			Aufgabe 2, Aufgabe 4
Zehnerübergang beim Addieren erkennen				
kann die Aufgaben erkennen, deren Ergebnis über 10 liegt, und diese schrittweise lösen	26			
Zehnerübergang beim Subtrahieren erkennen				
kann die Aufgaben erkennen, deren Ergebnis unter 10 liegt, und diese schrittweise lösen	27			
Zusammenhang von Aufgaben erkennen: **Tauschaufgaben, Aufgabenfolge, Aufgabenfamilie**				
kann Tauschaufgaben mit Anschauungshilfe bilden und lösen	28			
kann Tauschaufgabe ohne Anschauung bilden und lösen	29			
kann die Regel von Aufgabenfolgen erkennen, neue, passende Aufgaben finden und lösen	30, 31			Aufgabe 6, Aufgabe 7
kann aus einem Zahlentripel vier verwandte Aufgaben bilden und lösen	32			Aufgabe 5

Könnenstufen: fehlerfrei (++)   einzelne Fehler (+)   mehr als 50 % fehlerhaft (−)   fast alles falsch oder ungelöst (−−)

1   Erst bis 10, dann weiter.

4 + 9 =

5 + 7 =

5 + 8 =

6 + 7 =

3 + 9 =

8 + 6 =

6

2   Erst bis 10, dann weiter.

1 5 − 8 =

1 4 − 9 =

1 3 − 6 =

1 6 − 8 =

1 2 − 7 =

1 7 − 9 =

6

3   2 + 9 = _____   4 + 8 = _____   3 + 9 = _____

9 + 8 = _____   9 + 4 = _____   6 + 6 = _____

6 + 5 = _____   7 + 8 = _____   7 + 7 = _____

9

4   13 − 9 = _____   17 − 8 = _____   11 − 4 = _____

14 − 8 = _____   12 − 5 = _____   13 − 4 = _____

15 − 6 = _____   14 − 6 = _____   15 − 7 = _____

9

5 Schreibe vier verwandte Aufgaben auf und löse sie.

___ + ___ = ___
___ + ___ = ___
___ − ___ = ___
___ − ___ = ___

___ + ___ = ___
___ + ___ = ___
___ − ___ = ___
___ − ___ = ___

___ + ___ = ___
___ + ___ = ___
___ − ___ = ___
___ − ___ = ___

12

6 Erste Zahl immer 1 weniger. Bilde neue Aufgaben und löse sie.

18 − 9 = ____
17 − 9 = ____
16 − 9 = ____
___ − ___ = ____

15 − 6 = ____
14 − 6 = ____
13 − 6 = ____
___ − ___ = ____

8

7 Zweite Zahl immer 1 mehr.

6 + 7 = ____
6 + 8 = ____
6 + 9 = ____
___ + ___ = ____

5 + 6 = ____
5 + 7 = ____
5 + 8 = ____
___ + ___ = ____

8

Du hast ____ Punkte von ____ möglichen Punkten erreicht.

☐ Welche Aufgabe geht unter 10? Kreuze an und löse alle Aufgaben.

$$11 - 6 = \underline{\qquad}\ ☐$$
$$17 - 6 = \underline{\qquad}\ ☐$$
$$13 - 6 = \underline{\qquad}\ ☐$$

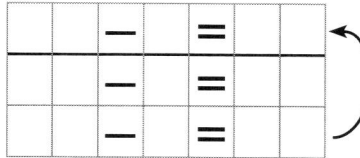

	−	=	
	−	=	
	−	=	

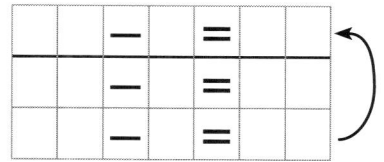

☐ 4

☐ Welche Aufgabe geht über 10? Kreuze an und löse alle Aufgaben.

$$2 + 6 = \underline{\qquad}\ ☐$$
$$7 + 6 = \underline{\qquad}\ ☐$$
$$5 + 6 = \underline{\qquad}\ ☐$$

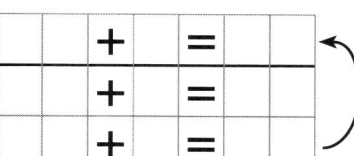

	+	=	
	+	=	
	+	=	

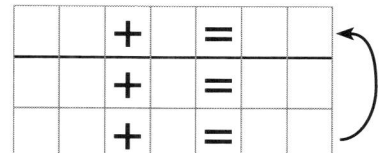

☐ 4

☐ Trage die Stifte ein, schreibe die Aufgabe und löse sie.

9	+	3	=		
9	+		=		
	+		=		

7	+	6	=		
7	+		=		
	+		=		

☐ 4

☐ Trage die Stifte ein, schreibe die Aufgabe und löse sie.

1	2	−	4	=		
1	2	−		=	1	0
		−		=		

1	3	−	5	=		
1	3	−		=	1	0
		−		=		

☐ 4

© Bildungshaus Schulbuchverlage

Beobachtungsbogen zu Heft B4
„Geld, Spiegeln, ebene Figuren, Körper"

Name: _____

	Heftseite	Datum Bemerkung	Datum Bemerkung	Lernerfolgskontrolle
Geld				
kann Euro-Münzen und Euro-Scheine benennen	2, 3			
kann Geld zusammenzählen	4			
kann einen vorgegebenen Geldbetrag einkreisen oder mit Münzen und Scheinen legen	5 bis 10			Aufgabe 6
kann Geldbeträge vergleichen	11			
kann berechnen, wie viel Geld zurückgegeben wird	12, 13			Aufgabe 1
Spiegeln				
kann Kleksbilder erkennen	14			
kann passende Faltschnittbilder angeben	15			
kann Spiegelbilder erkennen	16, 18			
kann Spiegelbilder zeichnen	19			Aufgabe 2
Ebene Figuren (Kreis, Dreieck, Viereck (Rechteck/Quadrat))				
kann die Form eines Gegenstandes angeben	20, 21			Aufgabe 4
kann die Anzahl verschiedener Formen einer Figur bestimmen	22, 23			Aufgabe 3
kann Figuren am Geobrett nachzeichnen	24, 25			
kann Rechtecke, Quadrate und Dreiecke durch Falten und Schneiden herstellen	26, 27			
Körper (Kugel, Würfel, Quader, Zylinder)				
kann Gegenstände den passenden Körpern zuordnen	28, 29			Aufgabe 5
kann Körpereigenschaften (rollt / steht / rollt und steht) Gegenständen zuordnen	30, 31			
kann bei Würfelgebäuden die Anzahl der Würfel angeben	32			

Könnenstufen: fehlerfrei (++)   einzelne Fehler (+)   mehr als 50 % fehlerhaft (–)   fast alles falsch oder ungelöst (––)

1   Wie viel Euro gibt es zurück? Trage ein.

   zurück: _____ €

   zurück: _____ €

2

2   Zeichne das Spiegelbild.

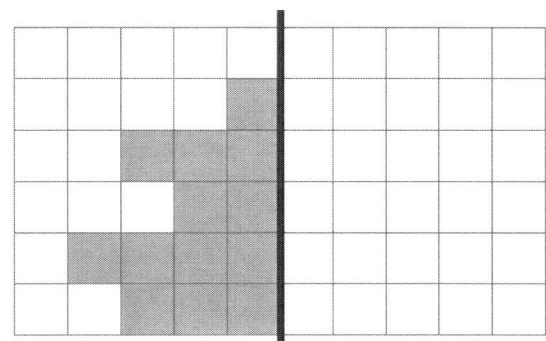   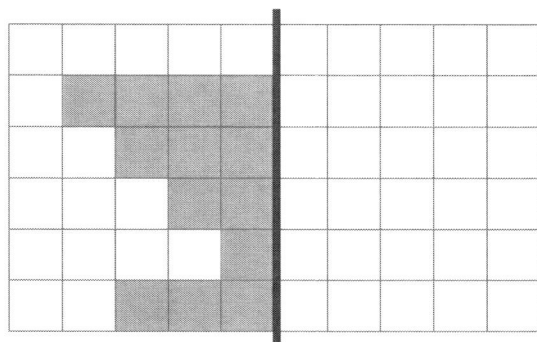

4

3   Trage die Anzahl der Formen ein.

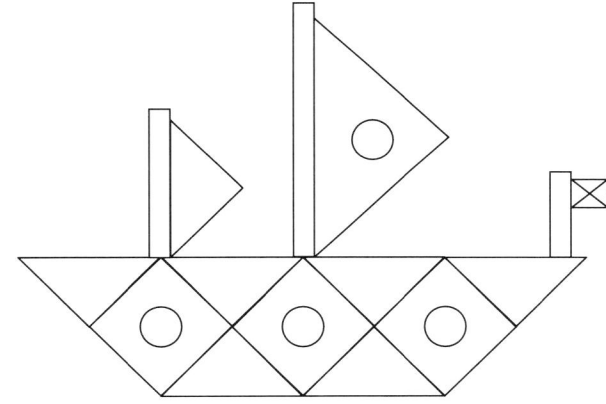   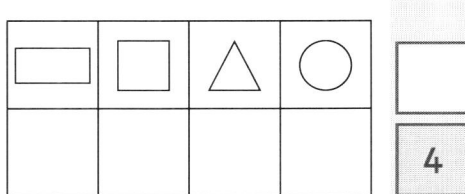

4

4   Kreuze an.

 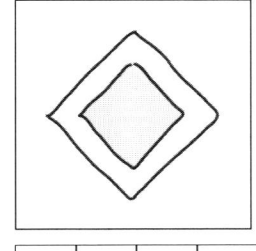  

4

5 Verbinde!

 | Würfel, Quader | | Zylinder | | Kugel |

    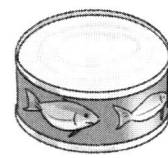

13

6 Trage den Geldbetrag unterschiedlich ein.

a)

6 €

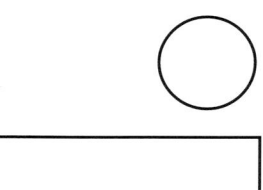

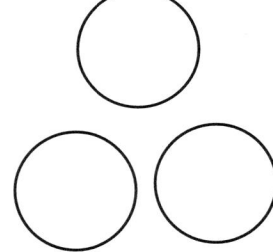

b)

9 €

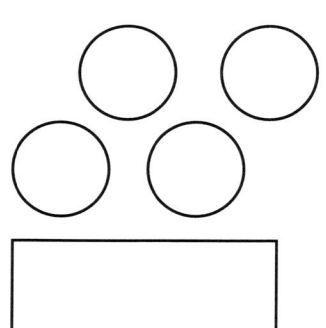

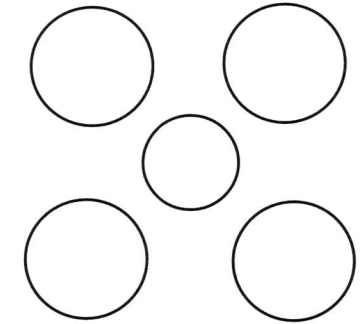

8

© Bildungshaus Schulbuchverlage

☐ Kreise immer 6 € ein.

☐ Zeichne nach.

a)
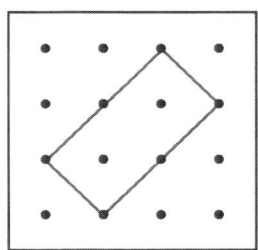   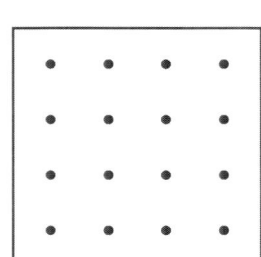

b)
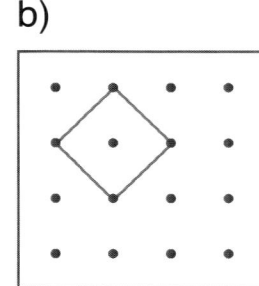   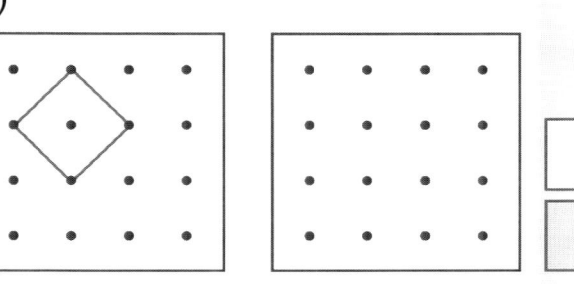

☐ Trage die Anzahl der Würfel ein.

a)
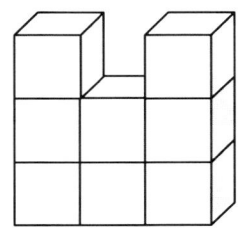

_____ Würfel

b)
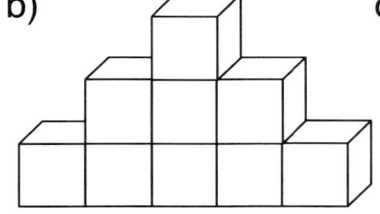

_____ Würfel

c)
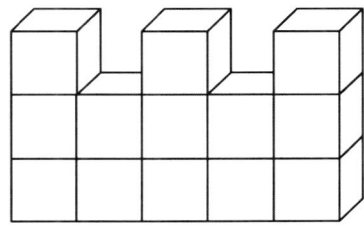

_____ Würfel

d)
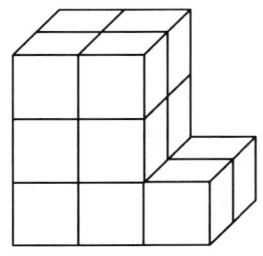

_____ Würfel

e)
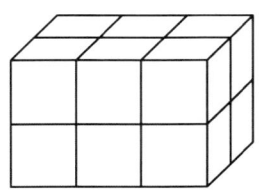

_____ Würfel

f)
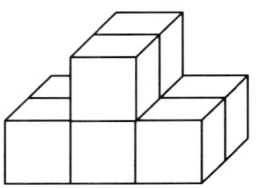

_____ Würfel

Name: _____

	Heftseite	Datum Bemerkung	Datum Bemerkung	Lernerfolgs- kontrolle
Menge zu Zahl zuordnen, Stellenwertschreibweise Zehner/Einer: Zahlenraum 11 bis 20				
kann zu einer Mengendarstellung mit Eierkartons die passende Zahl angeben	2			
Menge zu Zehnerzahl zuordnen, Stellenwertschreibweise Zehner/Einer: Zahlenraum bis 100				
kann zu einer Mengendarstellung mit Eierkartons, Zehnerstangen und Geheimschrift Zehnerzahlen angeben	3 bis 9			
Zahlenstrahl bis 100: Zehnerzahlen				
kann am Zahlenstrahl bis 100 die Zehnerzahlen eintragen	10, 11			
kann die Zehnerzahlen der Reihenfolge nach angeben	10, 11			
Mengen zu Zahlen bis 100 zuordnen, Stellenwertschreibweise Zehner/Einer				
kann zu einer Mengendarstellung mit Eierkartons, Zehnerstangen und Einzelwürfeln und Geheimschrift Zehner- und Einerzahlen angeben	12 bis 20			Aufgabe 6, Aufgabe 8
Zahlenstrahl bis 100: Gemischte Zehner				
kann am Zahlenstrahl gemischte Zehner (ZE) bis 100 eintragen	22, 23			Aufgabe 1, Aufgabe 2
Zahlenreihe bis 100				
kann die Zahlenreihe von 1 bis 100 aufschreiben	24, 25, 32			Aufgabe 3
kann Vorgänger und Nachfolger einer Zahl aufschreiben	26, 27			Aufgabe 4
Mengenvergleiche bis 100: > oder <				
kann beim Mengenvergleich mit Anschauung erkennen, welche Menge größer/kleiner ist und das passende Zeichen > oder < einsetzen	28			
kann beim Mengenvergleich ohne Anschauung passendes Zeichen > oder < einsetzen	29			Aufgabe 5
Zahlen bis 100 lesen und schreiben				
kann das Zahlwort lesen und die passende Zahl schreiben	30			Aufgabe 7
Wiederholung: Zahlenraum 1 bis 20				
Plus- und Minus-Aufgaben ohne Zehnerübergang und Anschauung	21			
Plus- und Minus-Aufgaben mit Zehnerübergang, ohne Anschauung	31			

Könnensstufen: fehlerfrei (++)   einzelne Fehler (+)   mehr als 50 % fehlerhaft (–)   fast alles falsch oder ungelöst (– –)

1 Trage die Zahl ein.

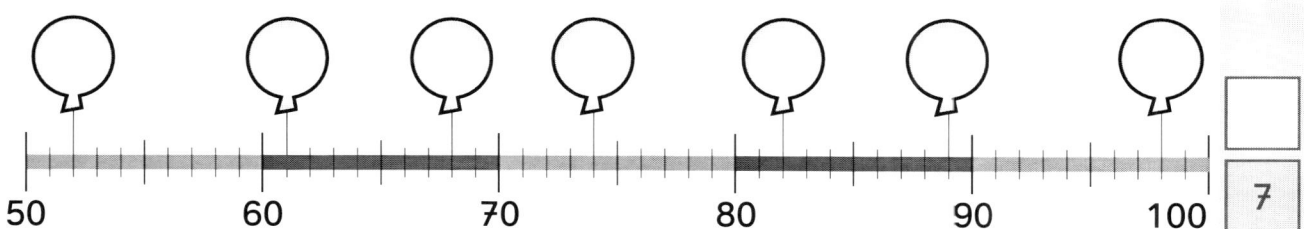

50   60   70   80   90   100

☐

7

2 Verbinde.

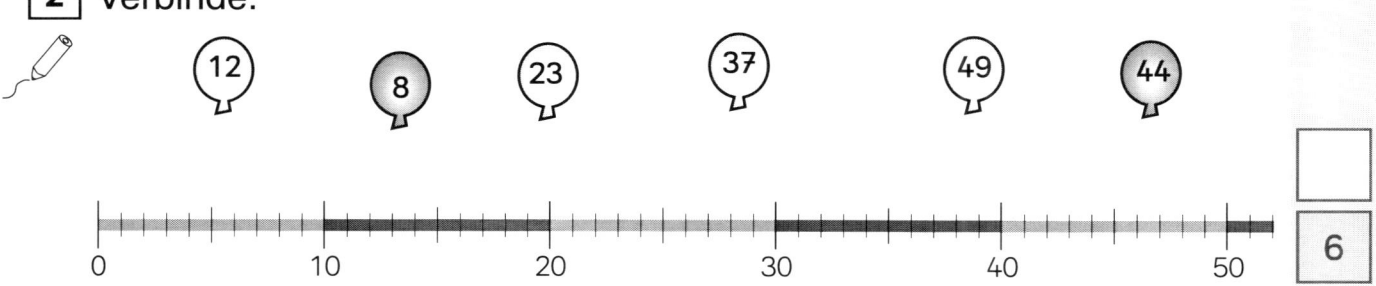

12   8   23   37   49   44

0   10   20   30   40   50

☐

6

3 Trage die fehlenden Zahlen ein.

a) ☐ — ☐ — ☐ — ☐ — ☐ — 69 — 70 — 71 ☐

b) ☐ — ☐ — ☐ — ☐ — ☐ — 83 — 84 — 85

5

4 Schreibe Vorgänger und Nachfolger auf.

a)

V	Zahl	N
	43	
76		
		82

b)

V	Zahl	N
	36	
52		
		91

☐

6

5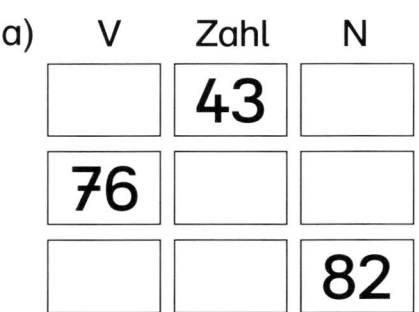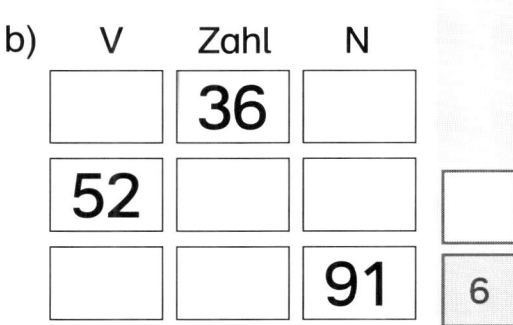

a)

62	61
18	81

b)

7	49
28	82

c)

41	24
52	51

☐

6

6

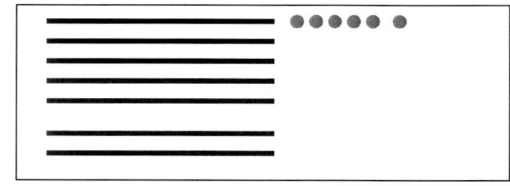   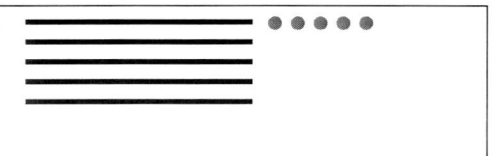

___ Z + ___ E = _____   ___ Z + ___ E = _____

_____ + ___ = _____   _____ + ___ = _____

4

7 Schreibe die Zahl auf.

| siebenundfünfzig | | einundneunzig | |
| sechsundachtzig | | fünfundsechzig | |

4

8 Was gehört zusammen? Verbinde.

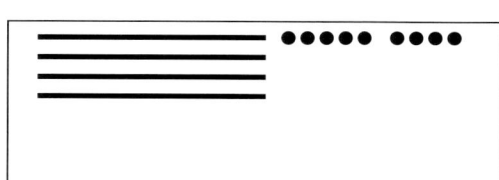

| 70 + 8 | 49 |

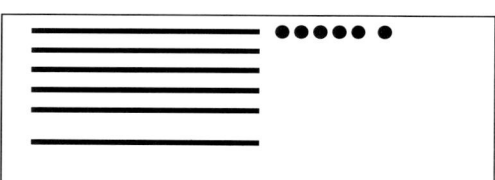

| 40 + 9 | 78 |

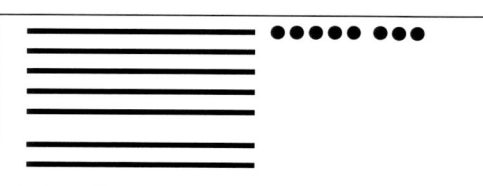

| 60 + 6 | 66 |

3

☐ a)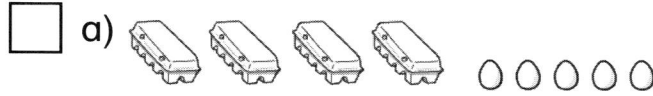

	Z	+		E	=		
				+		=	

b)

	Z	+		E	=		
				+		=	

☐ 4

☐ a)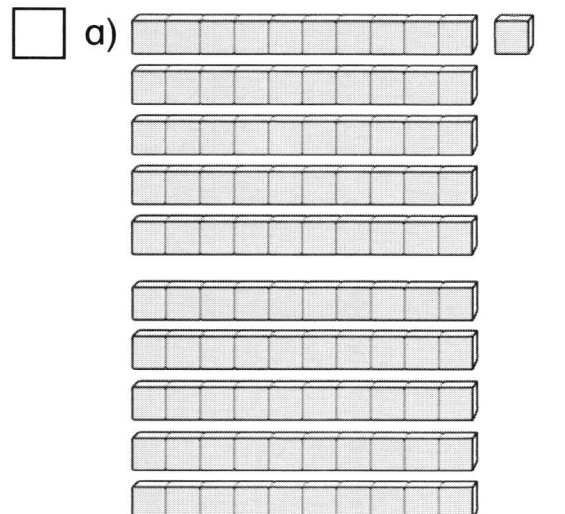

b)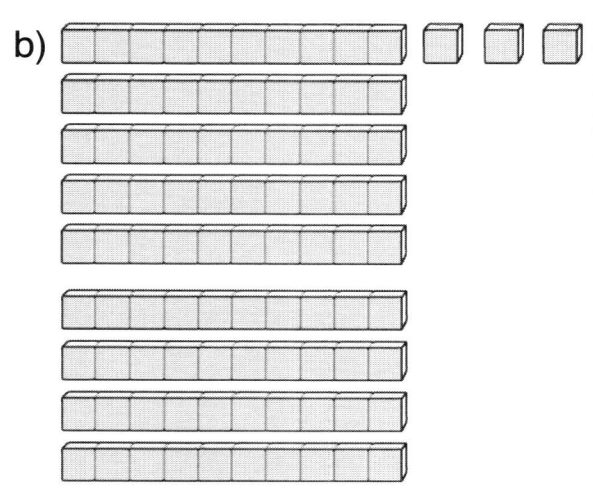

__ Z + __ E = _____

_____ + __ = _____

__ Z + __ E = _____

_____ + __ = _____

☐ 4

☐ Trage die Zahl ein, vergleiche und setze ein: > oder <

a)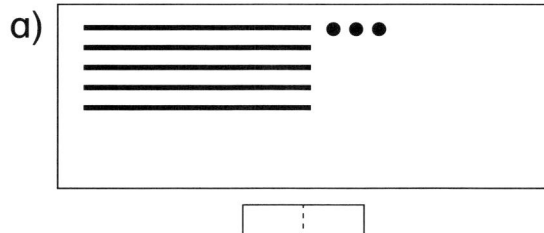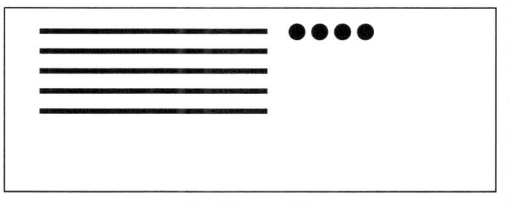

b)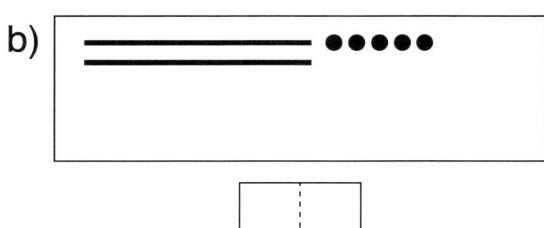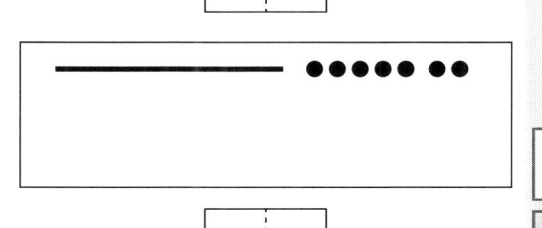

☐ 6

49

Name: _____

	Heftseite	Datum Bemerkung	Datum Bemerkung	Lernerfolgs-kontrolle
Zehnerzahlen: Analogieaufgaben bei Plus- und Minus-Aufgaben				
kann Plus-Aufgaben mit Zehnerzahlen mittels Geheimschrift und Vorgabe der „kleinen" Aufgabe lösen	4			
kann Plus-Aufgaben mit Zehnerzahlen ohne Anschauung lösen	5, 25			Aufgabe 1
kann Minus-Aufgaben mit Zehnerzahlen mit und ohne Anschauung lösen	6, 7, 25			Aufgabe 2
Zehnerzahlen: Additives Ergänzen				
kann additive Ergänzungsaufgaben mit und ohne Anschauung lösen	8, 9			
Zehnerzahlen: Aufgabenfamilien				
kann aus einem Zahlentripel vier verwandte Aufgaben bilden und diese lösen	10, 11			Aufgabe 3
Addieren mit Zehnern und Einern				
kann Plus-Aufgaben (Z + E) mittels Geheimschrift und ohne Anschauung lösen	12, 13			Aufgabe 7
kann das Bildungsprinzip von Aufgabenfolgen erkennen, neue finden und diese lösen	13			
Analogieaufgaben bei Plus-Aufgaben ohne Zehnerübergang				
kann „große" und die dazu passende „kleine" Plus-Aufgabe mittels Rechenhilfen lösen	14, 15, 25			
kann Plus-Aufgaben ohne Anschauung im Päckchen und in Zahlenmauern lösen	15 bis 17, 32			Aufgaben 5, 8 u. 9
Additives Ergänzen				
kann Ergänzungsaufgaben mittels Rechenhilfe und Vorgabe der „kleinen" Aufgabe lösen	18, 19			
Tauschaufgaben				
kann Tauschaufgaben ohne Anschauung bilden und lösen	20, 21			
Zum Zehner addieren und subtrahieren				
kann Plus- und Minus-Aufgaben zum nächsten Zehner hin mit / ohne Anschauung lösen	22 bis 25			Aufgabe 4
Nachbarzehner				
kann von einer Zehner-Einer-Zahl die Nachbarzehner bestimmen	24			Aufgabe 10
Analogieaufgaben bei Minus-Aufgaben ohne Zehnerübergang				
kann „große" und dazu passende „kleine" Minus-Aufgabe mit bzw. ohne Anschauung lösen	26, 27			
kann Minus-Aufgabe im Kopf, ohne Anschauung lösen	27, 29			Aufgabe 6
kann das Bildungsprinzip von Aufgabenfolgen erkennen, neue finden und diese lösen	28			
Subtraktives Ergänzen				
kann subtraktive Ergänzungsaufgaben mit bzw. ohne Anschauung lösen	30, 31			

Könnensstufen: fehlerfrei (++)   einzelne Fehler (+)   mehr als 50 % fehlerhaft (–)   fast alles falsch oder ungelöst (––)

Name: Datum:

1 a) 20 + 70 = ____   b) 40 + 20 = ____   c) 60 + 40 = ____

     30 + 40 = ____   90 + 10 = ____   10 + 50 = ____

     50 + 30 = ____   60 + 30 = ____   30 + 20 = ____

9

2 a) 100 − 70 = ____   b) 80 − 40 = ____   c) 100 − 60 = ____

     90 − 40 = ____   50 − 30 = ____   90 − 30 = ____

     60 − 20 = ____   40 − 30 = ____   70 − 50 = ____

9

3 a)   b)   c)

____ + ____ = ____   ____ + ____ = ____   ____ + ____ = ____

____ + ____ = ____   ____ + ____ = ____   ____ + ____ = ____

____ − ____ = ____   ____ − ____ = ____   ____ − ____ = ____

____ − ____ = ____   ____ − ____ = ____   ____ − ____ = ____

12

4 a) 58 + ____ = 60   b) 53 + ____ = ____   c) 56 + ____ = ____

     58 − ____ = 50   53 − ____ = ____   56 − ____ = ____

6

5 a) 21 + 6 = ____   b) 74 + 3 = ____   c) 65 + 4 = ____

     45 + 3 = ____   51 + 5 = ____   73 + 2 = ____

     62 + 7 = ____   42 + 2 = ____   81 + 8 = ____

9

6 a) 69 − 2 = ____   b) 56 − 5 = ____   c) 79 − 8 = ____

     88 − 4 = ____   39 − 3 = ____   26 − 1 = ____

     47 − 6 = ____   68 − 7 = ____   97 − 6 = ____

9

7 a)

+ 3	
50	
80	
20	

b)

+ 5	
40	
60	
90	

c)

+ 8	
70	
80	
30	

d)

+ 2	
10	
30	
20	

12

8 a)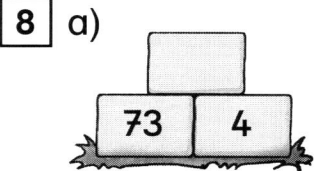

73 · 4

b)

60 · 9

c)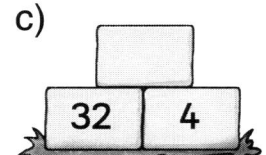

32 · 4

d)

45 · 3

4

9 a)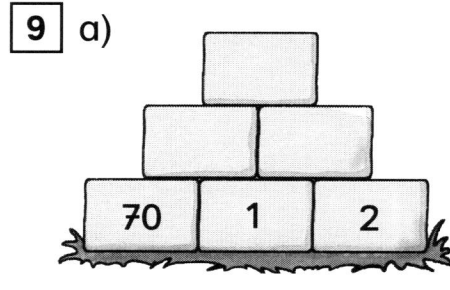

70 · 1 · 2

b)

40 · 3 · 3

c)

91 · 1 · 5

9

10 Schreibe die Nachbarzehner auf.

a)

	Zahl	
	28	
	77	
	82	

b)

	Zahl	
	13	
	86	
	34	

c)

	Zahl	
	45	
	59	
	64	

d)

	Zahl	
	11	
	73	
	23	

e)

	Zahl	
	44	
	55	
	66	

f)

	Zahl	
	87	
	36	
	99	

18

Du hast ___ Punkte von ___ möglichen Punkten erreicht.

☐ a) $50 + 30 = \underline{\quad}$ b) $10 + 50 = \underline{\quad}$ ☐

  $5 + 3 = \underline{\quad}$ $1 + 5 = \underline{\quad}$ 4

☐ a) $40 - 20 = \underline{\quad}$ b) $70 - 60 = \underline{\quad}$ ☐

  $4 - 2 = \underline{\quad}$ $7 - 6 = \underline{\quad}$ 4

☐ a) $80 + \underline{\quad} = 100$ b) $90 + \underline{\quad} = 100$ c) $30 + \underline{\quad} = 70$ ☐

  $70 + \underline{\quad} = 90$ $40 + \underline{\quad} = 70$ $20 + \underline{\quad} = 80$

  $10 + \underline{\quad} = 60$ $50 + \underline{\quad} = 80$ $60 + \underline{\quad} = 100$ 9

☐ $21 + 5 = \boxed{\quad}$

  $1 + 5 = \boxed{\quad}$

  $27 + 1 = \boxed{\quad}$ ☐

  $7 + 1 = \boxed{\quad}$ 4

☐ $26 + \boxed{\quad} = 28$

  $6 + \boxed{\quad} = 8$

  $23 + \boxed{\quad} = 25$ ☐

  $3 + \boxed{\quad} = 5$ 4

☐ a) $64 + \underline{\quad} = 69$ b) $46 + \underline{\quad} = 49$ c) $85 + \underline{\quad} = 88$ ☐

  $4 + \underline{\quad} = 9$ $6 + \underline{\quad} = 9$ $5 + \underline{\quad} = 8$ 6

☐ a) $5 - \underline{\quad} = 3$ b) $7 - \underline{\quad} = 4$ c) $3 - \underline{\quad} = 1$ ☐

  $35 - \underline{\quad} = 33$ $57 - \underline{\quad} = 54$ $63 - \underline{\quad} = 61$ 6

Name: _____

© Bildungshaus Schulbuchverlage

	Heftseite	Datum Bemerkung	Datum Bemerkung	Lernerfolgskontrolle
Zehner zu gemischten Zehnern addieren				
kann Plus-Aufgaben mit gemischtem Zehner und Zehnerzahl mittels Geheimschrift lösen	3, 4			
kann Plus-Aufgaben mit gemischtem Zehner und Zehnerzahl ohne Anschauung lösen	4, 13, 23			Aufgabe 1
kann das Bildungsprinzip von Aufgabenfolgen erkennen, neue finden und diese lösen	5			
Zehner von gemischten Zehnern subtrahieren				
kann Minus-Aufgaben mit gemischtem Zehner und Zehnerzahl mit Anschauung lösen	7, 8			
kann Minus-Aufgaben mit gemischtem Zehner und Zehnerzahl ohne Anschauung lösen	8, 9, 13, 23			Aufgabe 2
kann das Bildungsprinzip von Aufgabenfolgen erkennen, neue finden und diese lösen	9			
Schrittweise gemischte Zehner subtrahieren				
kann Minus-Aufgaben mit Geheimschrift, schrittweise lösen	10			
kann Minus-Aufgaben schrittweise und im Kopf ohne Anschauung lösen	11			
Tauschaufgaben				
kann Tauschaufgaben mit Zehner und gemischtem Zehner bilden und lösen	12			
kann aus einem Zahlentripel vier verwandte Aufgaben bilden und lösen	13			
Einer von Zehnerzahlen subtrahieren				
kann Minus-Aufgaben von der Rechenhilfe ablesen und lösen	14			
kann Minus-Aufgaben im Kopf, ohne Anschauung lösen	15, 23			Aufgabe 6
Plus-Aufgaben mit Zehnerübergang (ZE + E = ZE)				
kann Plus-Aufgaben mit Zehnerübergang mittels Rechenhilfe lösen	18, 19			Aufgabe 3
kann Plus-Aufgaben mit Zehnerübergang schrittweise lösen	20, 21			Aufgaben 4, 5
kann Plus-Aufgaben mit Zehnerübergang im Kopf, ohne Anschauung lösen	23, 30, 31, 32			Aufgabe 10
kann bei einer Plus-Aufgabe erkennen, ob ein Zehnerübergang vorliegt	22			
Minus-Aufgaben mit Zehnerübergang (ZE – E = ZE)				
kann Minus-Aufgaben mit Zehnerübergang mittels Rechenhilfe, schrittweisem Notieren und Handlungssatz lösen	25, 26			Aufgabe 7
kann Minus-Aufgaben mit Zehnerübergang schrittweise lösen	27, 28			Aufgaben 8, 9
kann bei einer Minus-Aufgabe erkennen, ob ein Zehnerübergang vorliegt	29			
kann Minus-Aufgaben mit Zehnerübergang im Kopf, ohne Anschauung lösen	30, 31			Aufgabe 11

Könnenstufen: fehlerfrei (++)   einzelne Fehler (+)   mehr als 50 % fehlerhaft (–)   fast alles falsch oder ungelöst (– –)

Name: **Datum:**

1 a) 28 + 70 = ____   b) 59 + 40 = ____   c) 24 + 60 = ____

       46 + 30 = ____   37 + 50 = ____   32 + 30 = ____

☐ | **6**

2 a) 79 − 40 = ____   b) 88 − 60 = ____   c) 96 − 70 = ____

       51 − 20 = ____   47 − 30 = ____   65 − 10 = ____

☐ | **6**

3 a)

            50   60   70

5	4	+	7	=
5	4	+		=
		+		=

54 + 7   Erst ____ dazu bis ____, dann noch ____ dazu.

☐ | **4**

b)

            60   70   80

6	6	+	9	=
6	6	+		=
		+		=

66 + 9   Erst ____ dazu bis ____, dann noch ____ dazu.

☐ | **4**

4 a)

3	5	+	8	=
		+		=
		+		=

b)

4	6	+	7	=
		+		=
		+		=

c)

5	8	+	4	=
		+		=
		+		=

☐ | **6**

5 a)

6	9	+	6	=
		+		=
		+		=

b)

8	4	+	9	=
		+		=
		+		=

c)

7	6	+	5	=
		+		=
		+		=

☐ | **6**

6 a) 70 − 8 = ____   b) 30 − 2 = ____   c) 20 − 3 = ____

       90 − 5 = ____   50 − 6 = ____   40 − 7 = ____

       60 − 4 = ____   80 − 1 = ____   70 − 9 = ____

☐ | **9**

© Bildungshaus Schulbuchverlage

7 a)

| | 40 | | 50 | | 60 | |

5	2	–	8	=		
5	2	–		=		
		–		=		

52 – 8

Erst _____ weg bis _____, dann noch _____ weg.

4

b)

| | 50 | | 60 | | 70 | |

6	3	–	4	=		
6	3	–		=		
		–		=		

63 – 4

Erst _____ weg bis _____, dann noch _____ weg.

4

8 a)

7	2	–	4	=		
				=		
				=		

b)

5	4	–	8	=		
				=		
				=		

c)

4	1	–	3	=		
				=		
				=		

6

9 a)

6	3	–	7	=		
				=		
				=		

b)

9	5	–	9	=		
				=		
				=		

c)

8	2	–	6	=		
				=		
				=		

6

10 a) $28 + 5 =$ _____   b) $89 + 4 =$ _____   c) $56 + 8 =$ _____

      $47 + 9 =$ _____ $65 + 6 =$ _____ $74 + 7 =$ _____

6

11 a) $91 – 4 =$ _____   b) $62 – 6 =$ _____   c) $38 – 9 =$ _____

      $54 – 5 =$ _____ $45 – 8 =$ _____ $73 – 7 =$ _____

6

Du hast _____ Punkte von _____ möglichen Punkten erreicht.

☐ Welche zwei Aufgaben gehen über den Zehner?
Kreuze beide Aufgaben an und löse alle Aufgaben.

84 + 7 = _____ ☐
92 + 5 = _____ ☐
78 + 6 = _____ ☐

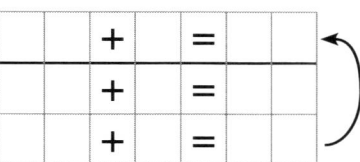 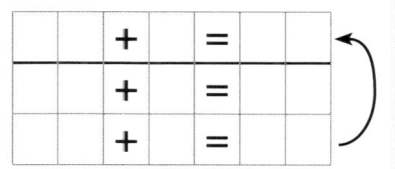

☐ 4

☐ Welche zwei Aufgaben gehen über den Zehner?
Kreuze beide Aufgaben an und löse alle Aufgaben.

36 + 7 = _____ ☐
49 + 4 = _____ ☐
56 + 3 = _____ ☐

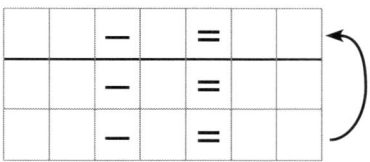 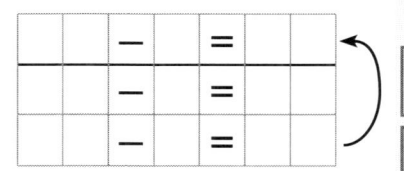

☐ 4

☐ Welche zwei Aufgaben gehen über den Zehner?
Kreuze beide Aufgaben an und löse alle Aufgaben.

42 − 3 = _____ ☐
58 − 5 = _____ ☐
63 − 9 = _____ ☐

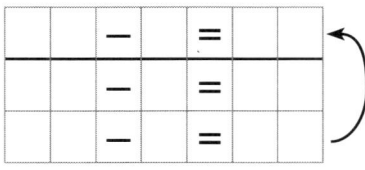 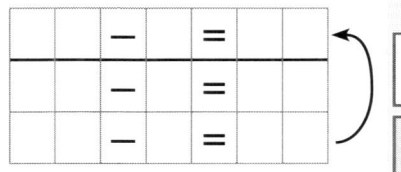

☐ 4

☐ Welche zwei Aufgaben gehen über den Zehner?
Kreuze beide Aufgaben an und löse alle Aufgaben.

79 − 4 = _____ ☐
81 − 6 = _____ ☐
95 − 9 = _____ ☐

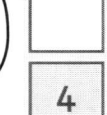

☐ 4

☐ a) 85 − 25 = ____   b) 78 − 38 = ____   c) 81 − 51 = ____
    64 − 44 = ____   57 − 27 = ____   93 − 73 = ____

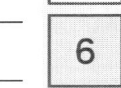

☐ 6

☐ a)   b)   c)   d)

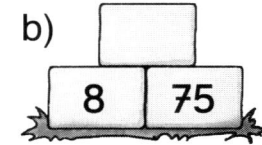 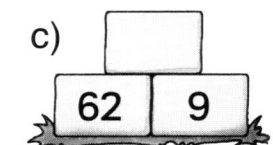 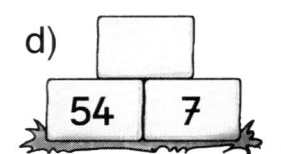

☐ 4

Beobachtungsbogen zu Heft C4
„Geld, Längen, Zeit, Körper, Sachrechnen"

Name: _____

	Heftseite	Datum Bemerkung	Datum Bemerkung	Datum Bemerkung	Lernerfolgs-kontrolle
Geld (Cent / Zahlenraum 100)					
kann Cent-Münzen benennen und sie ihrem Wert nach ordnen	2				
kann Cent-Münzen zusammenzählen	3				Aufgabe 2
kann einen vorgegebenen Geldbetrag einkreisen	4, 5				Aufgabe 1
kann einen vorgegebenen Geldbetrag mit Cent-Münzen nachlegen	6, 7				
Längen (cm)					
kann Längen (cm) mit einem Lineal messen	8, 9				Aufgabe 4
kann Strecken in cm mit dem Lineal zeichnen	10				Aufgabe 3
kann schätzen, ob Dinge weniger/mehr als 1 m lang/breit sind	11				
kann angeben, dass 100 Zentimeter ein Meter sind	11				
Zeit (ganze Stunden)					
kann einen Tagesverlauf in ganzen Stunden an der Analog-Uhr ablesen und eintragen	12 bis 15				Aufgabe 5
kann ganze Stunden in beiden Tageshälften angeben	16, 17				Aufgabe 6
kann Zeitspannen in ganzen Stunden angeben	18, 19				
Sachrechnen					
kann Plus-Geschichten mit Bild, Sachtext und Vorgabe für Frage, Rechnung und Antwort lösen	20, 21, 24				
kann Minus-Geschichten mit Bild, Sachtext und Vorgabe für Frage, Rechnung und Antwort lösen	22, 23, 25				Aufgabe 8
kann zu einem Situationsbild passende Fragen finden	26, 27				
Körper (Kugel, Zylinder, Würfel, Quader)					
kann Dinge anhand von Körpereigenschaften den passenden Körpern zuordnen	28				
kann bei zusammengesetzten Bauwerken die verschiedenen Körper unterscheiden und deren jeweilige Anzahl bestimmen	29				Aufgabe 7
kann bei Würfel und Quader Ecke, Kante und Fläche bestimmen und deren Anzahl angeben	30, 31				

Könnenstufen: fehlerfrei (++)   einzelne Fehler (+)   mehr als 50 % fehlerhaft (–)   fast alles falsch oder ungelöst (––)

1 Immer 1 €. Kreise ein.

4

2 Wie viel Cent sind es?

a)

____ ct

b)

____ ct

c)

____ ct

3

3 Zeichne die Strecken.

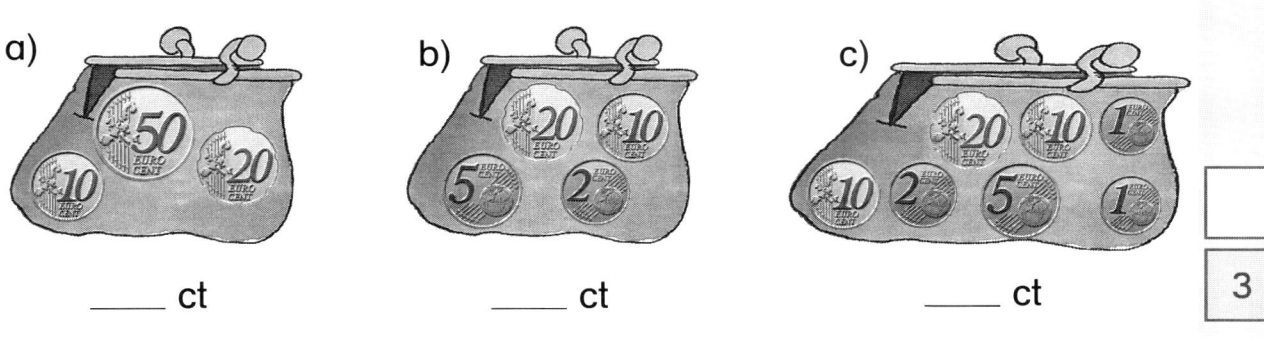

8 cm	
11 cm	
6 cm	

3

4 Wie viel Zentimeter sind es?

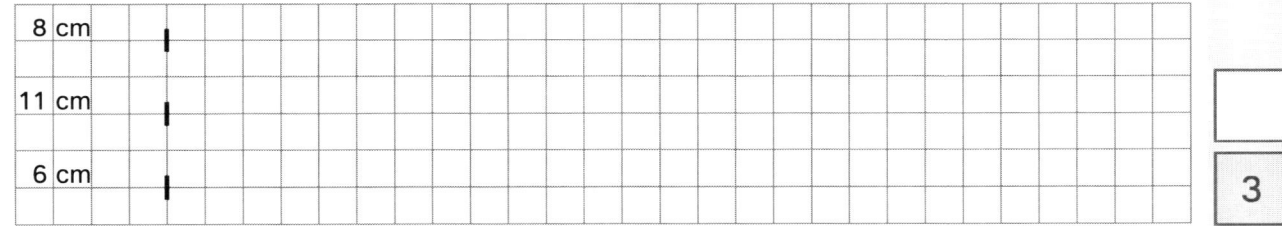

____ cm

____ cm

____ cm

____ cm

4

5 Wie spät ist es?

a) 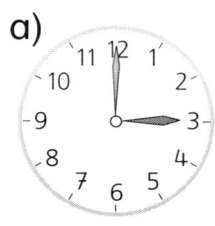   b) 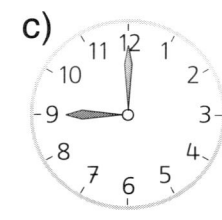   c) 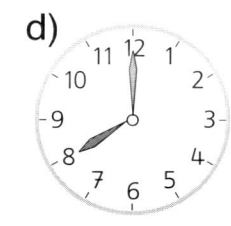   d) 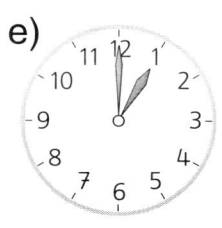   e)

_____ Uhr   _____ Uhr   _____ Uhr   _____ Uhr   _____ Uhr

	5

6 Trage beide Uhrzeiten ein.

a) 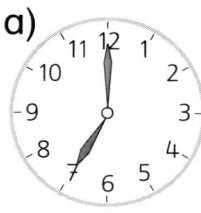   b) 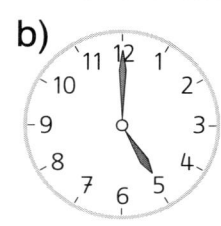   c) 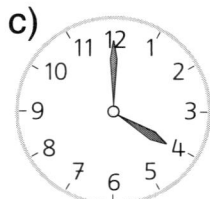   d) 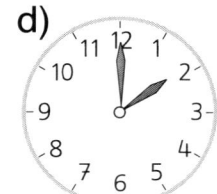   e)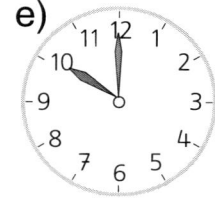

_____ Uhr   _____ Uhr   _____ Uhr   _____ Uhr   _____ Uhr

_____ Uhr   _____ Uhr   _____ Uhr   _____ Uhr   _____ Uhr

	10

7 Wie viele Körper sind es?

a) 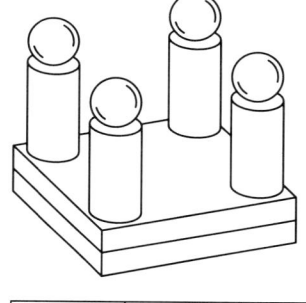   b)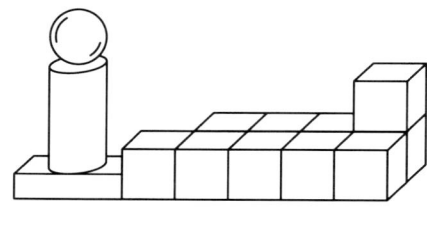

	8

8 Im Korb liegen 12 Brötchen. Vater **nimmt** 3 Brötchen **heraus**.

Wie viele Brötchen sind noch im Korb?

_____ = _____

_____ Brötchen sind noch im Korb.

	3

Du hast _____ Punkte von _____ möglichen Punkten erreicht.

☐ Auf der Wiese sind 11 schwarze Schafe und 7 weiße Schafe.

Wie viele Schafe sind es zusammen?

_____ + _____ = _____

_____ Schafe sind es zusammen.

☐ 3

☐ Zeichne die Zeiger ein. Wie viele Stunden sind vergangen?

a)

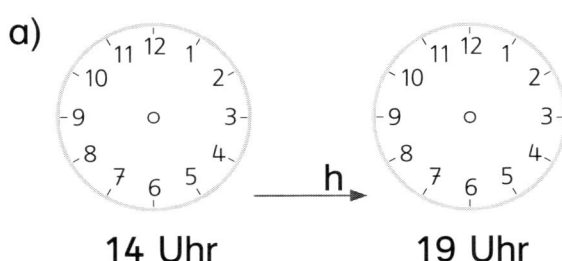

14 Uhr   h →   19 Uhr

b)

17 Uhr   h →   21 Uhr

☐ 6

☐ Geldbeträge: Zeichne die Münzen.

a)

65 ct

b)

25 ct

☐ 4

☐

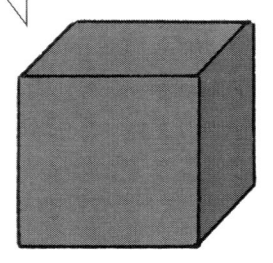

Ich bin auch ein Quader, aber ein besonderer. Ich bin ein Würfel.

Ein Würfel hat _____ Ecken.

Ein Würfel hat _____ Kanten.

Ein Würfel hat _____ Seitenflächen.

☐ 3

Beobachtungsbogen zu Heft D1
„Addieren und Subtrahieren mit zweistelligen Zahlen"

Name: _____

	Heftseite	Datum Bemerkung	Datum Bemerkung	Lernerfolgs-kontrolle
Schrittweises Addieren zweistelliger Zahlen ohne Zehnerübergang				
kann Plus-Aufgaben mit gemischten Zehnern bei Vorgabe von Geheimschrift schrittweise lösen	4, 5			Aufgabe 1
kann Plus-Aufgaben mit gemischten Zehnern ohne Anschauung schrittweise lösen	6, 7			Aufgabe 2
kann Plus-Aufgaben mit gemischten Zehnern im Kopf lösen	7			
kann das Bildungsprinzip von Plus-Aufgabenfolgen erkennen, neue finden und diese lösen	8			
kann Plus-Aufgaben in Zahlenmauern lösen	9			Aufgabe 5
Schrittweises Subtrahieren zweistelliger Zahlen ohne Zehnerübergang				
kann Minus-Aufgaben mit gemischten Zehnern bei Vorgabe von Geheimschrift schrittweise lösen	12, 13			Aufgabe 3
kann Minus-Aufgaben mit gemischten Zehnern ohne Anschauung schrittweise lösen	14, 15, 16			Aufgabe 4
kann Minus-Aufgaben mit gemischten Zehnern im Kopf lösen	15, 16			
kann das Bildungsprinzip von Minus-Aufgabenfolgen erkennen, neue finden und diese lösen	17			
Schrittweises Addieren zweistelliger Zahlen mit Zehnerübergang				
kann Plus-Aufgaben mit gemischten Zehnern in drei Schritten lösen	22, 23			Aufgabe 6
kann Plus-Aufgaben mit gemischten Zehnern im Kopf lösen	23, 24, 30, 31			
kann das Bildungsprinzip von Plus-Aufgabenfolgen erkennen, neue finden und diese lösen	23			
kann Plus-Aufgaben mit gemischten Zehnern in zwei Schritten lösen	24, 30			
kann bei einer Plus-Aufgabe erkennen, ob ein Zehnerübergang vorliegt	25			
Schrittweises Subtrahieren zweistelliger Zahlen mit Zehnerübergang				
kann Minus-Aufgaben mit gemischten Zehnern in drei Schritten lösen	26, 27			Aufgabe 7
kann Minus-Aufgaben mit gemischten Zehnern im Kopf lösen	27, 28, 30			
kann das Bildungsprinzip von Minus-Aufgabenfolgen erkennen, neue finden und diese lösen	27			Aufgabe 8
kann Minus-Aufgaben mit gemischten Zehnern in zwei Schritten lösen	28, 30			
kann bei einer Minus-Aufgabe erkennen, ob ein Zehnerübergang vorliegt	29			

Könnenstufen: fehlerfrei (++)   einzelne Fehler (+)   mehr als 50 % fehlerhaft (–)   fast alles falsch oder ungelöst (– –)

1   a)

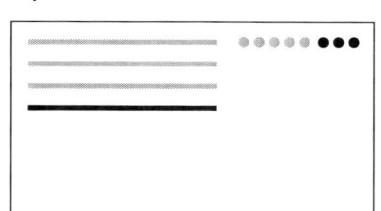

```
3 5 + 1 3 =
3 5 + 1 0 =
    +   3 =
```

b)

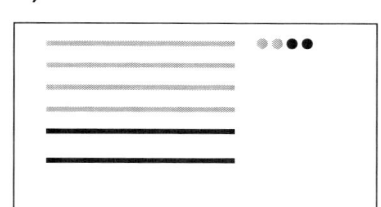

```
4 2 + 2 2 =
4 2 + 2 0 =
    +   2 =
```

c)

```
6 3 + 2 1 =
6 3 + 2 0 =
    +   1 =
```

☐

3

2   a)

```
7 4 + 2 3 =
    +     =
    +     =
```

b)

```
2 7 + 2 1 =
    +     =
    +     =
```

c)

```
5 6 + 4 2 =
    +     =
    +     =
```

☐

3

3   a)

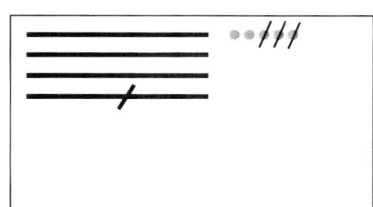

```
4 5 - 1 3 =
4 5 - 1 0 =
    -   3 =
```

b)

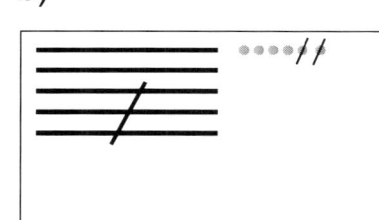

```
5 6 - 3 2 =
5 6 - 3 0 =
    -   2 =
```

c)

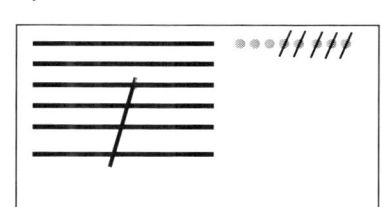

```
6 8 - 4 5 =
6 8 - 4 0 =
    -   5 =
```

☐

3

4   a)

```
8 5 - 4 2 =
    -     =
    -     =
```

b)

```
5 8 - 4 6 =
    -     =
    -     =
```

c)

```
7 9 - 1 7 =
    -     =
    -     =
```

☐

3

5   a)

| 72 | 21 |

b)

| 53 | 35 |

c)

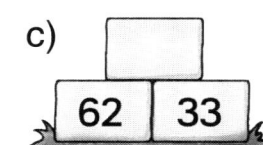

| 62 | 33 |

d)

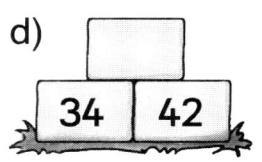

| 34 | 42 |

☐

4

6

a)

3	8	+	1	6	=		
3	8	+	1	0	=		
		+			=		
		+			=		

b)

3	9	+	3	4	=		
3	9	+	3	0	=		
		+			=		
		+			=		

c)

5	7	+	2	9	=		
5	7	+	2	0	=		
		+			=		
		+			=		

d)

4	7	+	1	5	=		
		+			=		
		+			=		
		+			=		

e)

5	8	+	3	9	=		
		+			=		
		+			=		
		+			=		

f)

1	7	+	4	6	=		
		+			=		
		+			=		
		+			=		

6

7

a)

8	3	−	3	5	=		
		−			=		
		−			=		
		−			=		

b)

6	4	−	2	7	=		
		−			=		
		−			=		
		−			=		

c)

9	1	−	5	6	=		
		−			=		
		−			=		
		−			=		

d)

7	1	−	3	5	=		
		−			=		
		−			=		
		−			=		

e)

9	2	−	1	4	=		
		−			=		
		−			=		
		−			=		

f)

3	3	−	2	8	=		
		−			=		
		−			=		
		−			=		

6

8

a)

96 − 32 = ____

96 − 42 = ____

96 − 52 = ____

96 − ___ = ____

_____

b)

89 − 26 = ____

89 − 36 = ____

89 − 46 = ____

89 − ___ = ____

_____

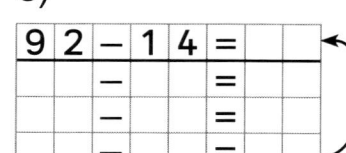

Die 1. Zahl bleibt immer gleich, die 2. Zahl wird immer um 10 größer, das Ergebnis wird immer um ____ kleiner.

11

☐ a)

2	7	+	2	8	=		
		+			=		
		+			=		

b)

2	7	+	1	8	=		
		+			=		
		+			=		

c)

2	7	+	4	8	=		
		+			=		
		+			=		

☐ / 3

☐ a)

3	5	+	2	6	=		
		+			=		
		+			=		

b)

2	5	+	2	6	=		
		+			=		
		+			=		

c)

5	5	+	2	6	=		
		+			=		
		+			=		

☐ / 3

☐ a)

5	3	–	1	7	=		
		–			=		
		–			=		

b)

5	3	–	3	7	=		
		–			=		
		–			=		

c)

5	3	–	4	7	=		
		–			=		
		–			=		

☐ / 3

☐ a)

8	2	–	2	6	=		
		–			=		
		–			=		

b)

9	2	–	2	6	=		
		–			=		
		–			=		

c)

6	2	–	2	6	=		
		–			=		
		–			=		

☐ / 3

☐ a) 27 + 15 = ____   b) 15 + 56 = ____   c) 48 + 48 = ____

   47 + 26 = ____   25 + 47 = ____   37 + 37 = ____

   57 + 34 = ____   35 + 29 = ____   26 + 26 = ____

☐ / 9

☐ a) 84 – 26 = ____   b) 93 – 18 = ____   c) 72 – 25 = ____

   64 – 26 = ____   93 – 37 = ____   72 – 45 = ____

   94 – 26 = ____   93 – 45 = ____   72 – 35 = ____

☐ / 9

☐ a) 28 – 16 = ____   b) 49 – 25 = ____   c) 88 – 51 = ____

   82 – 51 = ____   65 – 42 = ____   94 – 62 = ____

   54 – 21 = ____   78 – 57 = ____   37 – 11 = ____

☐ / 9

☐ a)

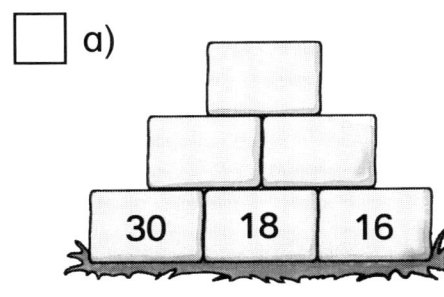

b)

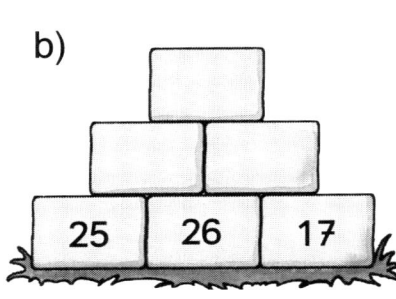

c)

☐ / 9

© Bildungshaus Schulbuchverlage

Name: _____

	Heftseite	Datum Bemerkung	Datum Bemerkung	Lernerfolgs-kontrolle
Malnehmen				
kann zur bildhaften Darstellung eine Plus-Aufgabe mit gleichen Einern angeben, die dazu passende Mal-Aufgabe bilden und beide Aufgaben lösen	2, 3, 4, 5, 7			
kann eine Mal-Aufgabe auch als Punktefeld zeichnen und lösen	6, 7			
kann zu einer Mal-Aufgabe die Tauschaufgabe bilden und beide Aufgaben lösen	8, 9			Aufgabe 5
Aufteilen				
kann zu einer bildhaften Darstellung Aufteilaufgaben bilden und lösen	10, 11			Aufgabe 3
Verteilen				
kann zu einer bildhaften Darstellung oder einem Sachtext Verteilaufgaben bilden und lösen und mittels Mal-Aufgabe überprüfen	12, 13			
Einmaleins mit 2: Malnehmen und Teilen				
kann zu einer bildhaften Darstellung Plus- und Mal-Aufgabe bilden und lösen	14			
kann am Zahlenstrahl die Zahlen der 2er-Reihe aufschreiben	15			
kann die Mal-Aufgaben automatisiert lösen	15, 28, 29			Aufgabe 9
kann die Geteilt-Aufgaben automatisiert lösen	15, 28 bis 31			Aufgabe 10
Verdoppeln/Halbieren				
kann das Doppelte einer Zahl durch Malnehmen mit 2 bilden und lösen	16			
kann die Hälfte einer Zahl mittels Teilen durch 2 bestimmen	17			
Einmaleins mit 5: Malnehmen und Teilen				
kann zu einer bildhaften Darstellung Plus- und Mal-Aufgabe bilden und lösen	18			Aufgabe 1
kann am Zahlenstrahl die Zahlen der 5er-Reihe aufschreiben	19			
kann die Mal-Aufgaben automatisiert lösen	19, 28 bis 32			Aufgabe 2
kann die Geteilt-Aufgaben automatisiert lösen	19, 28 bis 32			Aufgabe 4
Einmaleins mit 10: Malnehmen und Teilen				
kann zu einer bildhaften Darstellung Plus- und Mal-Aufgabe bilden und lösen	20			Aufgabe 6
kann am Zahlenstrahl die Zahlen der 10er-Reihe aufschreiben	21			
kann die Mal-Aufgaben automatisiert lösen	21, 28 bis 32			Aufgabe 7
kann die Geteilt-Aufgaben automatisiert lösen	21, 28 bis 32			Aufgabe 8
Quadratzahlen				
kann zu einem Punktefeld Plus- und Mal-Aufgabe angeben	24			
kann die Mal-Aufgabe automatisiert lösen	24, 30, 31			

Könnensstufen: fehlerfrei (++)   einzelne Fehler (+)   mehr als 50 % fehlerhaft (–)   fast alles falsch oder ungelöst (– –)

1 Schreibe Plus- und Malaufgaben auf und rechne aus.

a)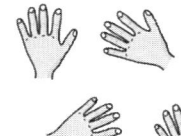

b)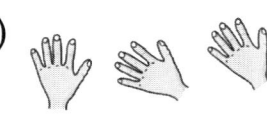

c)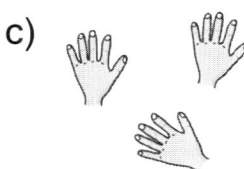

_____   _____   _____

_____   _____   _____

6

2
a) $4 \cdot 5 =$ ___

$8 \cdot 5 =$ ___

$10 \cdot 5 =$ ___

b) $2 \cdot 5 =$ ___

$7 \cdot 5 =$ ___

$9 \cdot 5 =$ ___

c) $6 \cdot 5 =$ ___

$3 \cdot 5 =$ ___

$1 \cdot 5 =$ ___

9

3 Es sind 15 Äpfel. Immer fünf Äpfel in ein Netz.

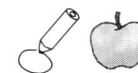

$15 : 5 =$ ___, denn ___ $\cdot 5 = 15$. Es sind ___ Netze.

9

4
a) $40 : 5 =$ ___

$15 : 5 =$ ___

$25 : 5 =$ ___

b) $30 : 5 =$ ___

$45 : 5 =$ ___

$5 : 5 =$ ___

c) $50 : 5 =$ ___

$35 : 5 =$ ___

$20 : 5 =$ ___

9

5 Schreibe zu jedem Punktefeld Aufgabe und Tauschaufgabe.

a)

b)

c)

$3 \cdot 4 =$ _____

$4 \cdot 3 =$ _____

_____

_____

_____

_____

6

6 Schreibe Plus- und Malaufgaben auf und rechne aus.

a) 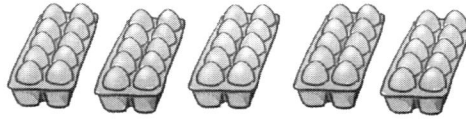　　　　　　　b)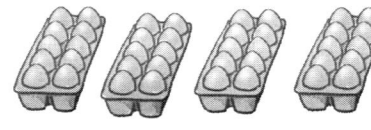

_____　　　_____

_____　　　_____

4

7 a) 4 · 10 = ____　　b) 6 · 10 = ____　　c) 10 · 10 = ____

8 · 10 = ____　　5 · 10 = ____　　7 · 10 = ____

2 · 10 = ____　　1 · 10 = ____　　9 · 10 = ____

9

8 a) 100 : 10 = ____　　b) 90 : 10 = ____　　c) 80 : 10 = ____

70 : 10 = ____　　40 : 10 = ____　　10 : 10 = ____

20 : 10 = ____　　30 : 10 = ____　　50 : 10 = ____

9

9 a) 4 · 2 = ____　　b) 3 · 2 = ____　　c) 2 · 2 = ____

8 · 2 = ____　　5 · 2 = ____　　6 · 2 = ____

1 · 2 = ____　　9 · 2 = ____　　10 · 2 = ____

9

10 a) 18 : 2 = ____　　b) 6 : 2 = ____　　c) 4 : 2 = ____

14 : 2 = ____　　20 : 2 = ____　　16 : 2 = ____

10 : 2 = ____　　8 : 2 = ____　　2 : 2 = ____

9

Du hast ____ Punkte von ____ möglichen Punkten erreicht.

□ Schreibe die Plusaufgaben und die Malaufgaben.

a)

2	+	2	+	2	=					
				=						

b)

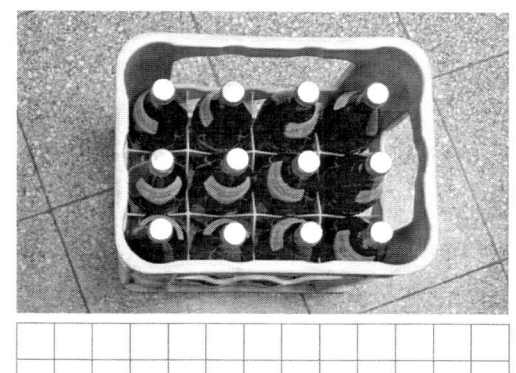

4

□ Wie heißt die Aufgabe? Löse sie.

Das Doppelte von 4:

2 · 4 = _____

Das Doppelte von 8:

_____

Das Doppelte von 10:

2 · _____ = _____

Das Doppelte von 6:

_____

4

□

Zahl	4	6	2	10	12	8	16	20	14	18
die Hälfte										

10

□ a) 1 · 1 = _____ b) 4 · 4 = _____ c) 7 · 7 = _____

2 · 2 = _____   5 · 5 = _____   8 · 8 = _____

3 · 3 = _____   6 · 6 = _____   9 · 9 = _____

9

□ a)

b)

c)

6

Name: _____

	Heftseite	Datum / Bemerkung	Datum / Bemerkung	Lernerfolgs- kontrolle
Einmaleins mit 4: Malnehmen und Teilen				
kann zu einer bildhaften Darstellung Plus- und Mal-Aufgaben bilden und lösen	2			
kann am Zahlenstrahl und in der Einmaleins-Tafel die Zahlen der 4er-Reihe aufschreiben	3, 4			
kann die Geteilt-Aufgaben lösen und mittels Mal-Aufgaben überprüfen	4, 5			Aufgabe 3
Einmaleins mit 8: Malnehmen und Teilen				
kann zu einem Bild Plus- und Mal-Aufgaben bilden und lösen	6			
kann am Zahlenstrahl und in der Einmaleins-Tafel die Zahlen der 8er-Reihe aufschreiben	7, 8			
kann die Geteilt-Aufgaben lösen und mittels Mal-Aufgaben überprüfen	8, 9, 11			
kann aus einem Zahlentripel vier verwandte Aufgaben bilden und lösen	10			
Einmaleins mit 3: Malnehmen und Teilen				
kann zu einer bildhaften Darstellung Plus- und Mal-Aufgaben bilden und lösen	14			
kann am Zahlenstrahl und in der Einmaleins-Tafel die Zahlen der 3er-Reihe aufschreiben	15, 16			Aufgabe 6
kann die Geteilt-Aufgaben lösen und mittels Mal-Aufgaben überprüfen	16, 17			
Einmaleins mit 6: Malnehmen und Teilen				
kann zu einer bildhaften Darstellung Plus- und Mal-Aufgaben bilden und lösen	18			
kann am Zahlenstrahl und in der Einmaleins-Tafel die Zahlen der 6er-Reihe aufschreiben	19, 20			Aufgabe 1
kann die Geteilt-Aufgaben lösen und mittels Mal-Aufgaben überprüfen	20, 21			
Einmaleins mit 9: Malnehmen und Teilen				
kann zu einer bildhaften Darstellung Plus- und Mal-Aufgaben bilden und lösen	24			
kann am Zahlenstrahl und in der Einmaleins-Tafel die Zahlen der 9er-Reihe aufschreiben	25, 26			
kann die Geteilt-Aufgaben lösen und mittels Mal-Aufgaben überprüfen	26, 27			
Einmaleins mit 7: Malnehmen und Teilen				
kann am Zahlenstrahl und in der Einmaleins-Tafel die Zahlen der 7er-Reihe aufschreiben	28, 29			
kann die Geteilt-Aufgaben automatisiert lösen und mittels Mal-Aufgaben überprüfen	29			Aufgabe 4
kann aus einem Zahlentripel vier verwandte Aufgaben bilden und lösen	30			Aufgabe 7
Einmaleinsreihen				
kann Mal- und Geteilt-Aufgaben aller Reihen ohne Anschauung lösen	31, 32			Aufgaben 2, 5 u. 8

Könnenstufen: fehlerfrei (++)   einzelne Fehler (+)   mehr als 50 % fehlerhaft (–)   fast alles falsch oder ungelöst (– –)

1 In 6er-Sprüngen vorwärts. Trage die Zahlen der 6er-Reihe ein.

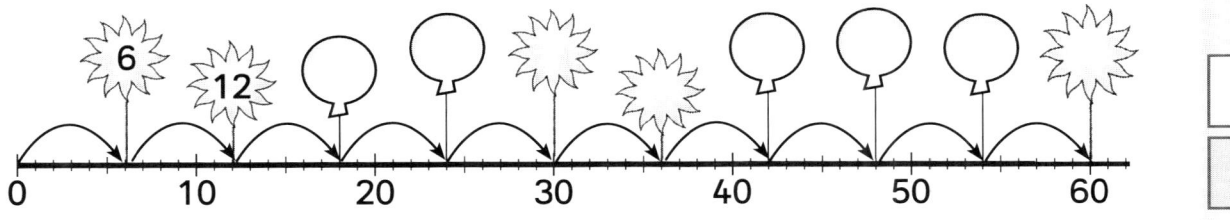

8

2 Rechne die Malaufgaben aus.

a) 3 · 4 = _____   b) 5 · 8 = _____   c) 7 · 3 = _____   d) 2 · 9 = _____

   5 · 6 = _____   9 · 3 = _____   5 · 7 = _____   6 · 6 = _____

   7 · 4 = _____   7 · 8 = _____   9 · 5 = _____   8 · 7 = _____

12

3 Wie viele 4er-Sprünge sind es?
Schreibe die Geteiltaufgabe und die Malaufgabe auf.

a) 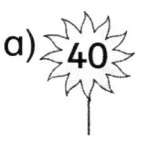   b)    c)  28   d) 32

   40 : 4 = ___   12 : _____   _____   _____

   ___ · 4 = ___   _____   _____   _____

8

4 a) 12 : 3 = _____, denn _____ · 3 = _____

   b) 48 : 6 = _____, denn _____ · 6 = _____

   c) 54 : 9 = _____, denn _____ · 9 = _____

   d) 24 : 4 = _____, denn _____ · 4 = _____

   e) 49 : 7 = _____, denn _____ · 7 = _____

5

5 a) 18 : 3 = ___   b) 32 : 4 = ___   c) 45 : 9 = ___   d) 9 : 3 = ___

   42 : 6 = ___   64 : 8 = ___   24 : 6 = ___   27 : 9 = ___

   48 : 8 = ___   15 : 5 = ___   7 : 7 = ___   36 : 6 = ___

12

6 In 3er-Sprüngen vorwärts. Trage die Zahlen der 3er-Reihe ein.

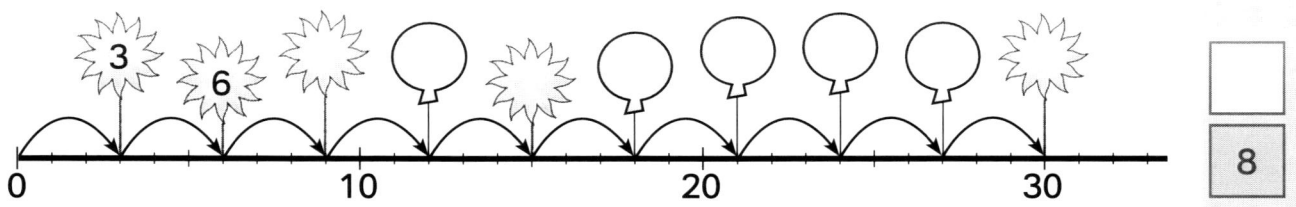

	8

7 Trage die fehlenden Zahlen in den Mund ein.
Schreibe die vier Aufgaben.

a)   b)   c)

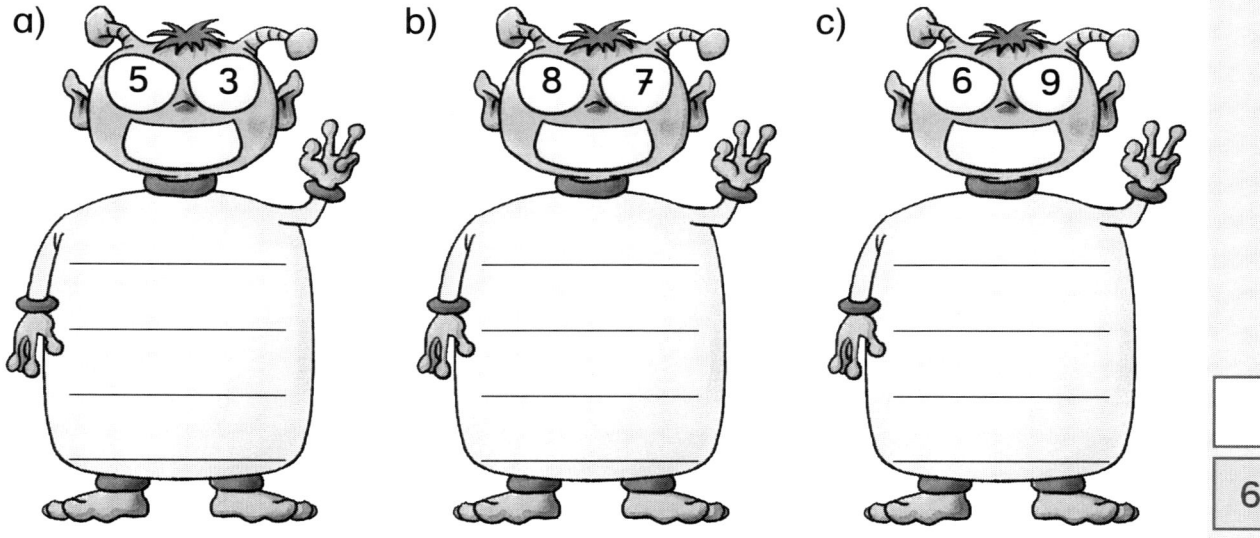

	6

8 a)   b)   c)   d)

· 3	
5	
0	
8	

· 9	
4	
7	
2	

: 5	
15	
45	
30	

: 8	
24	
8	
64	

	12

Du hast ___ Punkte von ___ möglichen Punkten erreicht.

☐ a)      b)

_____

_____   _____

☐ 4

☐ In 9er-Sprüngen vorwärts. Trage die Zahlen der 9er-Reihe ein.

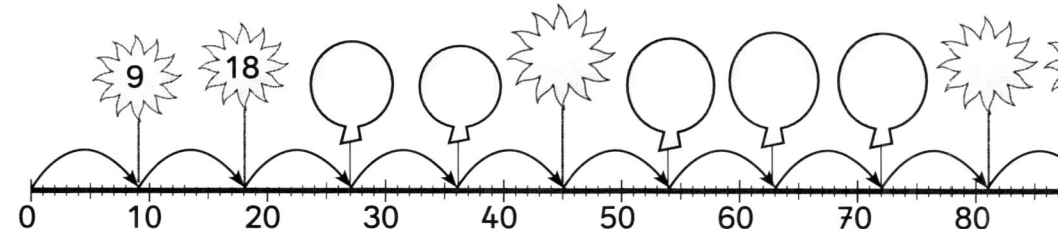

☐ 8

☐

Woche	1	2	3	4	5	6	7	8	9	10
Tage	7									

☐ 9

☐ In 7er-Sprüngen vorwärts. Trage die Zahlen der 7er-Reihe ein.

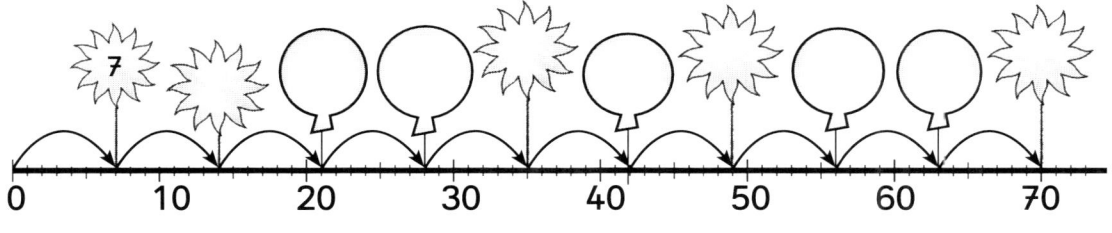

☐ 9

☐ Wie viele 8er-Sprünge sind es?
Schreibe die Geteiltaufgabe und die Malaufgabe auf.

a) 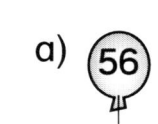   b) (48)   c)    d)

56 : 8 = ____   _____   _____   _____

____ · 8 = ____   _____   _____   _____

☐ 8

☐ Rechne auch immer die Tauschaufgabe.
a) 4 · 8 = _____   b) 3 · 9 = _____   c) 7 · 6 = _____   d) 8 · 5 = _____

_____

☐ 4

73

Beobachtungsbogen zu Heft D4
„Geld, Längen, Zeit, ebene Figuren, Sachrechnen"

Name: _____

	Heftseite	Datum Bemerkung	Datum Bemerkung	Lernerfolgs-kontrolle
Geld				
kann bei Münzen und Scheinen die Zeichen (ct/ €) aufschreiben und im Vergleich den größeren Wert angeben	2			
kann Cent-Beträge und Euro-Beträge zusammenzählen	3			
kann Euro- und Cent-Beträge zusammenzählen und mit Komma angeben	4, 5, 6			Aufgabe 1
kann Rückgeld berechnen und mit passenden Münzen und Scheinen legen	7			Aufgabe 2
Längen				
kann am Lineal Zentimeter ablesen und in Millimeter umrechnen	8			
kann am Lineal Zentimeter und Millimeter ablesen und in Millimeter umrechnen	9			
kann Längenangaben umrechnen	9			Aufgabe 3
kann Längen in Millimeter messen	10			
kann Längen mit dem Lineal zeichnen	11			
Zeit				
kann die Uhrzeiten „halb / viertel nach / viertel vor" aufschreiben, benennen und einzeichnen	12 bis 17			Aufgabe 4
kann gleiche Uhrzeiten für beide Tageshälften aufschreiben und benennen	16, 17			
kann Zeitspannen in Minuten angeben	18, 19			Aufgabe 5
kann die Monate des Jahres in ihrer Reihenfolge und die jeweilige Anzahl der Tage angeben	20			Aufgabe 6
kann die Kurzform bei Datumsangaben schreiben	20			Aufgabe 7
kann die Tage der Woche in ihrer Reihenfolge angeben	21			
kann Datum und Wochentag aus dem Kalender heraussuchen und aufschreiben	21			
Ebene Figuren				
kann Kreis, Dreieck, Quadrat, Rechteck unterscheiden und deren besondere Eigenschaften (Ecken und Seiten) angeben	22, 23			Aufgabe 8
kann ebene Figuren durch das Verbinden von Punkten zeichnen	24			
kann ein vorgegebenes Muster fortsetzen	25			
Sachrechnen				
kann zu Mal-Geschichten mit gegebener Frage, die Rechnung und die Antwort aufschreiben	26			
kann Geteilt-Geschichten mit gegebener Frage, die Rechnung und die Antwort aufschreiben	27			Aufgabe 9
kann Sachaufgaben mit vorgegebenem Bild oder Sachtext lösen	28, 29, 30, 31			

Könnenstufen: fehlerfrei (++)   einzelne Fehler (+)   mehr als 50 % fehlerhaft (–)   fast alles falsch oder ungelöst (––)

1 a)

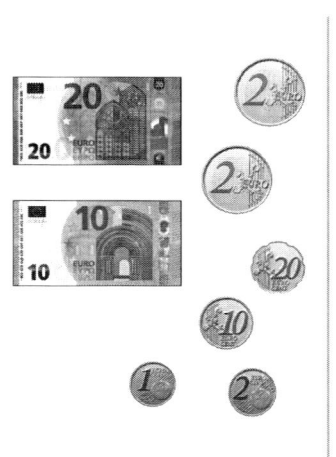

b)

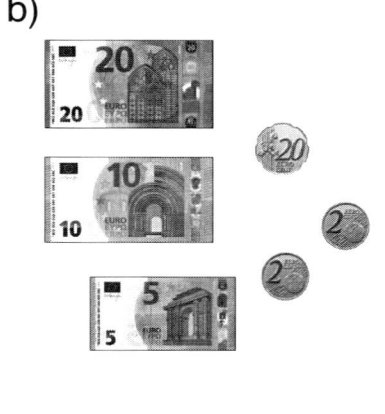

c)

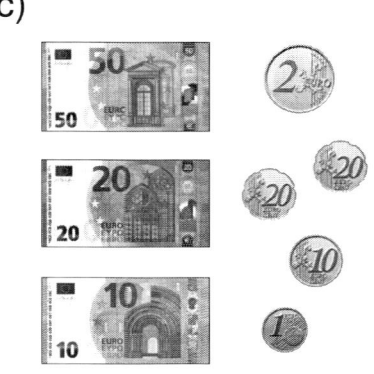

_____ € _____ ct   _____ € _____ ct   _____ € _____ ct

_____ €   _____ €   _____ €

☐

6

2 Schreibe mit Komma.

a) 2 € 45 ct = _____   b) 14 € 60 ct = _____

6 € 80 ct = _____   16 € 75 ct = _____

9 € 75 ct = _____   37 € 99 ct = _____

☐

6

3 Rechne um.

a) 20 mm = _____ cm   b) 4 cm 3 mm = _____ mm

50 mm = _____ cm   5 cm 8 mm = _____ mm

90 mm = _____ cm   9 cm 5 mm = _____ mm

☐

6

4 Zeichne die Zeiger und trage die beiden Möglichkeiten ein.

a) [Uhr]   b) [Uhr]   c) [Uhr]   d) [Uhr]

_____ Uhr   _____ Uhr   _____ Uhr   _____ Uhr

_____ Uhr   _____ Uhr   _____ Uhr   _____ Uhr

halb 8   Viertel vor 3   Viertel nach 10   halb 12

☐

12

5 Wie viele Minuten sind vergangen?

a)

9.15 Uhr   _____ min →   10.00 Uhr

b)

9.15 Uhr   _____ min →   10.45 Uhr

☐ / 4

6 Wie viele Tage haben die Monate?

Januar: _____ Tage   Juni: _____ Tage
April: _____ Tage   August: _____ Tage

☐ / 4

7 Schreibe das Datum in der Kurzform.

lang	kurz
6. Januar 2017	
20. März 2018	
28. September 2019	
31. Dezember 2020	

☐ / 4

8 Ergänze die Sätze.

Kreise haben _____ Ecken.
Dreiecke haben ___ Ecken und ___ Seiten.
Rechtecke haben ___ Ecken und ___ Seiten.
Quadrate sind besondere Rechtecke,
denn alle Seiten sind _____ lang.

☐ / 6

9 Beim Murmelspiel bekommt jeder Spieler 8 Murmeln.
Lena hat 48 Murmeln gekauft.

Frage: Wie viele Kinder können mitspielen?

Lösung: _____

Antwort: _____

☐ / 4

☐ Lies die Länge ab.

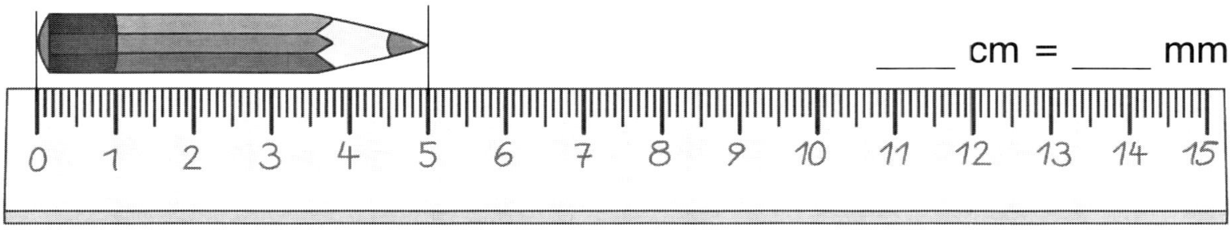

____ cm = ____ mm

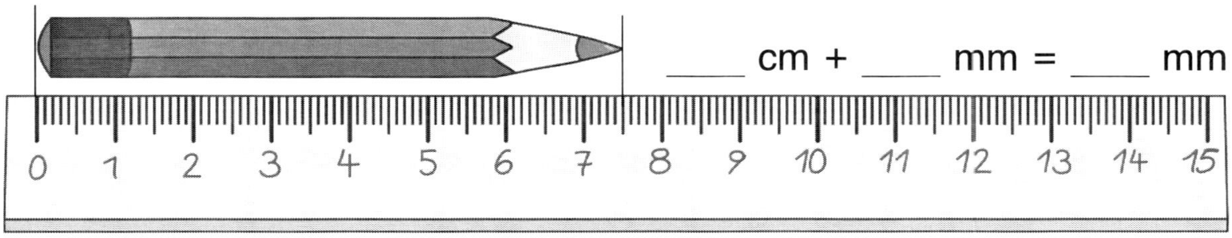

____ cm + ____ mm = ____ mm

☐ 4

☐ Trage alle drei Möglichkeiten ein.

a)

_____ Uhr

_____ Uhr

_____

b)

_____ Uhr

_____ Uhr

_____

c)

_____ Uhr

_____ Uhr

_____

☐ 9

☐ Welche Figur ist es?

a) Die Figur hat 4 Ecken und 4 Seiten. Alle Seiten sind gleich lang. Es ist ein

_____ .

b) Die Figur ist rund. Es ist ein

_____ .

c) Die Figur hat 3 Ecken und 3 Seiten. Es ist ein

_____ .

☐ 3

☐ Lena hat Geburtstag. Mutter backt für die Kindergeburtstagsfeier.

Frage: Wie viele Muffins hat Mutter gebacken?

Lösung: _____

Antwort: _____

☐ 3

4　Übersicht über die Kopiervorlagen

Inklusionsheft	Kopiervorlagen (KV und BV) in dieser Handreichung	Zusatzmaterialien: „WELT DER ZAHL Kopiervorlagen" (KV) und „Materialsammlung Fördern" (Fö; K = Karteikarte, AH = Arbeitsheft)
A1		
S. 9 u. 10	KV 1: Links – rechts	WdZ 1: KV 163, KV 164 Fö 1, AH S. 7: Rechts oder links?
S. 22 u. 23	KV 2: Muster fortsetzen	WdZ 1: KV 5, KV 6 Fö 1, K 9 bis 12: Muster übertragen Fö 1, AH S. 4 bis 6: Muster übertragen
S. 30 u. 31	KV 3: Lagebeziehungen	WdZ 1: KV 165, KV 168 Fö 1, K 15 und 16: Lagebeziehungen
A2		
S. 3 u. 4		Fö 1, K 21: Wie viele Plättchen siehst du? Fö 1, K 22: Wie viele Plättchen sind es? Fö 1, K 23: Wie viele Würfelaugen siehst du? Fö 1, K 24: Male Punkte zu der Zahlenkarte
S. 6 u. 19		WdZ 1: KV 22 bis 34: Mein Zahlenheft
S. 21	KV 4: Anzahl bestimmen und Mengen einkreisen (bis 6)	WdZ 1: KV 36, KV 40, KV 41 Fö 1, K 21: Wie viele Plättchen siehst du? Fö 1, AH S. 8: Zahlen schreiben
S. 22 u. 23		Fö 1, K 22: Wie viele Plättchen sind es? Fö 1, AH S. 9: Zahlen zuordnen Fö 1, AH S. 10: Anzahlen malen
S. 25		WdZ 1: KV 38, KV 39
S. 28 u. 29	BV 1: Zahlenreihe – Vorgänger und Nachfolger	
S. 31 u. 32	KV 5: Größer – kleiner	WdZ 1: KV 35
A3		
ab S. 2	BV 2: Rechenschiffe bis 10	WdZ 1: KV 43
S. 12 u. 13	KV 6: Plus-Geschichten	
S. 18	KV 7: Welche Zahl ist es?	Fö 1, K 39: Zeige die Plus-Aufgabe Fö 1, K 40: Wie heißt die Plus-Aufgabe?
S. 20	KV 8: Addieren mit der Rechenhilfe	
S. 24 u. 25	KV 9: Minus-Geschichten	
S. 30 u. 31	KV 10: Subtrahieren mit der Rechenhilfe	Fö 1, K 49: Zeige die Minus-Aufgabe. Fö 1, K 50: Wie heißt die Minus-Aufgabe? Fö 1, AH S. 27: Minus-Aufgaben
A4		
S. 4	KV 11: Übungen zum Addieren bis 6	
S. 8	KV 12: Übungen zum Subtrahieren bis 6	
S. 21 u. 22	KV 13: Anzahlen bis 10 erkennen	
S. 22	BV 2: Rechenschiffe bis 10	WdZ 1: KV 67
S. 24 u. 25	BV 1: Zahlenreihe – Vorgänger und Nachfolger	WdZ 1: KV 48 Fö 1, K 30: Wie heißen Vorgänger und Nachfolger? Fö 1, AH S. 18: Vorgänger – Nachfolger

S. 27	KV 14: Größer und kleiner im Zahlenraum bis 10	Fö 1, K 31: Kleiner als Fö 1, K 32: Größer als
S. 30 u. 31	BV 3: Zerlegungshäuser bis 10	WdZ 1: KV 54, 179, 180 Fö 1, K 26: Zahlen bis 10 zerlegen: Wie viele Kugeln sind verdeckt? Fö 1, K 27: Zahlen bis 10 zerlegen: Wie heißt die Zerlegung? Fö 1, AH S. 11: Die versteckte Zahl Fö 1, AH S. 13: Zerlegungen
B1		
S. 3	KV 15: Plus-Geschichten im Zahlenraum bis 10	WdZ 1: KV 66 Fö 1, K 35 und 36: Plus-Geschichten Fö 1, AH S. 20: Plus-Geschichten
S. 9	KV 16: Minus-Geschichten im Zahlenraum bis 10	WdZ 1: KV 74, 75, 77, 78, 79 Fö 1, K 46: Minus-Geschichten Fö 1, AH S. 25: Minus-Geschichten
S. 14	KV 17: Gemischte Aufgaben im Zahlenraum bis 10	WdZ 1: KV 67
S. 24 u. 25	KV 18: Umkehraufgaben	WdZ 1: KV 88 Fö 1, AH S. 33: Aufgabe u. Umkehraufgabe
S. 30 u. 31	BV 13: Pluminos	Fö 1, K 52: Plus- und Minus-Aufgabe Fö 1, AH S. 32: Aufgabe und Tauschaufgabe
B2		
ab S. 6	BV 4: Rechenschiffe bis 20	Fö 1, K 28 und 29: Wie viele sind es? Fö 1, AH S. 15: Anzahlen bis 20 zerlegen
S. 6 u. 7	KV 19: Rechenschiffe und Stellenwerttafel	Fö 1, AH S. 16: Zahlen in Zehner und Einer zerlegen
S. 11, S. 13	BV 1: Zahlenreihe – Vorgänger und Nachfolger	Fö 1, K 30: Zahlenreihe: Wie heißen der Vorgänger und Nachfolger? Fö 1, AH S. 18: Zahlenreihe bis 20: Vorgänger und Nachfolger
S. 15	KV 20: Größer und kleiner im Zahlenraum bis 20	WdZ 1: KV 63, 122 Fö 1, K 31: Partnerarbeit: Kleiner als Fö 1, K 32: Partnerarbeit: Größer als Fö 1, AH S. 19: Kleiner, größer oder gleich?
S. 19	KV 21: Analogieaufgaben bei Plusaufgaben	WdZ 1: KV 94 Fö 1, AH S. 35: Analoge Plus-Aufgaben
S. 21	KV 22: Analogieaufgaben bei Minusaufgaben	WdZ 1: KV 101 Fö 1, AH S. 43: Analoge Minus-Aufgaben
S. 25, S. 27	KV 23: Gemischte Aufgaben ohne Zehnerübergang	WdZ 1: KV 85, 102 Fö 1, AH S. 36: Rechnen bis 20
S. 28 u. 29	BV 11: Rechenfenster	
B3		
S. 5	KV 24: Rund um die Zehn	WdZ 1: KV 91
S. 6 u. 7	BV 5: Schrittweises Addieren mit der Rechenhilfe	WdZ 1: KV 92
S. 12 u. 13	BV 7: Schrittweises Addieren	WdZ 1: KV 93 Fö 1, K 56 bis 58: Addieren mit Überschreiten Fö 1, K 59: Rechenschritte beim Addieren beschreiben Fö 1, AH S. 38 u. 39: Addieren mit Überschreiten

S. 16 u. 17	BV 6: Schrittweises Subtrahieren mit der Rechenhilfe	WdZ 1: KV 98
S. 22 u. 23	BV 8: Schrittweises Subtrahieren	Fö 1, K 62 u. 63: Subtrahieren mit Überschreiten Fö 1, K 64: Rechenschritte beim Subtrahieren beschreiben Fö 1, AH S. 46 u. 47: Subtrahieren mit Überschreiten
S. 26	KV 25: Zehnerübergang beim Addieren erkennen	Fö 1, AH S. 40 u. 41: Addieren über die 10 – Übungen
S. 27	KV 26: Zehnerübergang beim Subtrahieren erkennen	Fö 1, AH S. 48 und 49: Subtrahieren über die 10 – Übungen
S. 30		Fö 1, AH S. 42: Wie geht es weiter? – Aufgabenfolgen
S. 31		Fö 1, AH S. 50: Wie geht es weiter – Aufgabenfolgen
S. 32	BV 13: Pluminos	
nach B3		WdZ 1: KV 120, 123
B4		
S. 32	KV 27: Würfelbauten	
nach B4		WdZ 1: KV 141, 142, 144
C1		
S. 12 bis 14	KV 28: Zehnerkartons und Einer	WdZ 1: KV 60, 61 Fö 2, K 15: Zehner und Einer Fö 2, K 16: Zahlen legen und sprechen Fö 2, AH S. 5: Viele Zehner, viele Einer Fö 2, AH S. 6: Zahlen und zählen
S. 17	KV 29: Zehnerstangen und Einer	
S. 18	KV 30: Geheimschrift	
S. 22 u. 23	KV 31: Welche Zahl ist es am Zahlenstrahl?	WdZ 2: KV 16, 17 Fö 2, K 17: Ballonjagd (Kleiner als ..., größer als ...) Fö 2, K 18: Zahlenstrahl
S. 26	BV 1: Zahlenreihe – Vorgänger und Nachfolger	WdZ 2: KV 15
S. 29	KV 32: Größer und Kleiner (formal)	WdZ 2: KV 17 Fö 2, AH S. 8: Zahlenstrahl – Kleiner, größer oder gleich?
C2		
S. 10 u. 11	BV 13: Pluminos	
S. 14 u. 15		Fö 2, K 26 und 27: Addieren, subtrahieren und ergänzen von Einern ohne Überschreitung Fö 2, AH S. 11 (Aufgaben 1 bis 3): Addieren von Einern Fö 2, K 33: Analoge Additionsaufgaben
S. 16, 17, 32	BV 14: Zahlenmauern	
S. 19	KV 33: Ergänzen bei Plusaufgaben	
S. 22 u. 23		Fö 2, K 28: Ergänzen zu Nachbarzehnern
nach C2		WdZ 2: KV 24, 25

C3		
S. 3 bis 8		Fö 2, K 35: Addieren von Zehnern (Geheimschrift) Fö 2, K 36: Subtrahieren von Zehnern (Geheimschrift)
S. 13	BV 13: Pluminos	
ab S, 18	BV 7: Schrittweises Addieren	Fö 2, K 29: Tipp 3: Addieren in Schritten Fö 2, K 33: Analoge Additionsaufgaben Fö 2, AH S. 11: Addieren von Einern Fö 2, AH S. 12: Addieren: Erst ..., dann …
ab S. 25	BV 8: Schrittweises Subtrahieren	Fö 2, K 30: Tipp 4: Subtrahieren in Schritten Fö 2, K 34: Analoge Subtraktionsaufgaben Fö 2, AH S. 13: Subtrahieren von Einern Fö 2, AH S.14: Subtrahieren: Erst ..., dann …
S. 32	BV 14: Zahlenmauern	
nach C 3		WdZ 2: KV 32, 36 (mit KV 148)
C4		
S. 16	KV 34: Uhrzeiten in beiden Tageshälften	
S. 21 bis 23	KV 35: Sachrechnen – Plus- und Minus-geschichten	
D1		
ab S. 4	BV 9: Schrittweises Addieren zweistelliger Zahlen mit Zehnerübergang	Fö 2, K 67: Addieren von zweistelligen Zahlen ohne Überschreitung Fö 2, K 68: Wie heißt die Plus-Aufgabe? Fö 2, AH S. 45: Addieren großer Zahlen ohne Zehnerüberschreitung Fö 2, K 71 und 72: Addieren von zweistelligen Zahlen mit Überschreitung Fö 2, AH S. 48 und 49: Addieren großer Zahlen mit Zehnerüberschreitung
S. 9, S. 31	BV 14: Zahlenmauern	WdZ 2: KV 82
ab S. 12	BV 10: Schrittweises Subtrahieren zweistelliger Zahlen mit Zehnerübergang	Fö 2, K 69: Subtrahieren von zweistelligen Zahlen ohne Überschreitung Fö 2, K 70: Wie heißt die Minus-Aufgabe? Fö 2, AH S. 47: Subtrahieren großer Zahlen ohne Zehnerüberschreitung Fö 2, K 73 und 74: Subtrahieren von zweistelligen Zahlen mit Überschreitung Fö 2, AH S. 51: Subtrahieren großer Zahlen mit Zehnerüberschreitung
S. 25	KV 36: Zehnerübergang beim Addieren erkennen	
S. 29	KV 37: Zehnerübergang beim Subtrahieren erkennen	
S. 31	BV 11: Rechenfenster	
nach D1		WdZ 2: KV 78, 79, 86, 87, 172
D2		
S. 2 bis 5	KV 38: Malaufgaben erkennen	WdZ 2: KV 37, 40 Fö 2, K 43: Welche Mal-Aufgabe fühlst du? Fö 2, K 44 - 45: Welche Mal-Aufgabe siehst du? Fö 2, AH S. 20 - 21: Bilder zur Multiplikation

S. 9	KV 39: Aufgabe und Tauschaufgabe	Fö 2, K 46: Aufgabe und Tauschaufgabe Fö 2, AH S. 22: Mal-Aufgaben und Tauschaufgaben
S. 11	KV 40: Aufteilen	Fö 2, K 48 und 49: Aufteilen Fö 2, K 50 und 51: Durch-Aufgabe und Mal-Aufgabe Fö 2, AH S. 24: Aufteilen
S. 13	KV 41: Verteilen	Fö 2, K 52, 53 und 54: Gerecht teilen Fö 2, H S. 25: Verteilen
ab S. 15	BV 15: Einmaleins-Tafel	Fö 2, K 55: Tipp 5: Fünfer- und Zehner-Reihe in der Hunderter-tafel Fö 2, K 56: Bilder zur Fünfer- und Zehner-Reihe Fö 2, AH S. 27: Einmaleins mit 10 Fö 2, AH S. 28: Einmaleins mit 5 Fö 2, K 57: Fünfer-Reihe – Springen am Zahlenstrahl Fö 2, AH S. 27: Einmaleins mit 10 (Mal- und Durch-Aufgaben) Fö 2, AH S. 28: Einmaleins mit 5 (Mal- und Durch-Aufgaben)
S. 23	BV 12: Rechentabellen	
S. 24 u. 25		Fö 2, K 62: Tipp 8: Quadratzahlen in der Einmaleins-Tafel
S. 26 u. 27		Fö 2, K 58: Tipp 6: Sonnen-Aufgaben und Nachbaraufgaben
S. 28 u. 29	BV 18: Malduro	
D3		
S. 2 bis 11		Fö 2, K 59: Tipp 7: Zweier-, Vierer- und Achter-Reihe Fö 2, AH S. 29 und 30: Einmaleins mit 4 Fö 2, K 61: Achter-Reihe – Springen am Zahlenstrahl
ab S. 3	BV 15: Einmaleins-Tafel	
ab S. 3	BV 16: Einmaleins-Häuptling	
S. 12	BV 9: Schrittweises Addieren	WdZ 2: KV 78, 79, 86, 87, 172 (mit KV 148)
S. 13	BV 10: Schrittweises Subtrahieren	WdZ 2: KV 78, 79, 86, 87, 172 (mit KV 148)
S. 14 bis 27		Fö 2, K 63: Tipp 9: Dreier-, Sechser- und Neuner-Reihe in der Hundertertafel Fö 2, AH S. 34 und 35: Einmaleins mit 3 Fö 2 ,K 64: Dreier- und Sechser-Reihe Fö 2, AH S. 36: Einmaleins mit 6 Fö 2, AH S. 38 und 39: Einmaleins mit 9
S. 22 u. 23	BV 9 und BV 10	
S. 28 u. 29		Fö 2, K 65: Siebener-Reihe – Springen am Zahlenstrahl Fö 2, AH S. 40 und 41: Einmaleins mit 7
nach S. 29	BV 17: Urkunde Einmaleins-Häuptling	
S. 30	BV 18: Malduro	Fö 2, AH S. 37: Verwandte Multiplikations-aufgaben (Malduro)
nach D3		WdZ 2: KV 43 bis 53, 57 bis 69, 88

D4		
nach D4		WdZ 2: KV 121, 122

Inklusionsheft	Blanko-Kopiervorlage (BV) in dieser Handreichung
ab A2	BV 1: Zahlenreihe – Vorgänger und Nachfolger
A4, B1	BV 2: Rechenschiffe bis 10
B3	BV 3: Zerlegungshäuser bis 10
B2, B3	BV 4: Rechenschiffe bis 20
B3	BV 5: Schrittweises Addieren mit der Rechenhilfe
B3	BV 6: Schrittweises Subtrahieren mit der Rechenhilfe
B3, C3	BV 7: Schrittweises Addieren
B3, C3	BV 8: Schrittweises Subtrahieren
D1	BV 9: Schrittweises Addieren zweistelliger Zahlen mit Zehnerübergang
D1	BV 10: Schrittweises Subtrahieren zweistelliger Zahlen mit Zehnerübergang
B2, B3, C1, C2, D1	BV 11: Rechenfenster
D2	BV 12: Rechentabellen
B1, B3, C2, C3	BV 13: Pluminos
C2, C3, D1	BV 14: Zahlenmauern
D2, D3	BV 15: Einmaleins-Tafel
D2, D3	BV 16: Einmaleins-Häuptling
D3	BV 17: Urkunde Einmaleins-Häuptling
D3	BV 18: Malduro
alle ab A3	BV 19: Kopfrechnen-Marathon

Links – rechts

l links   **r rechts**

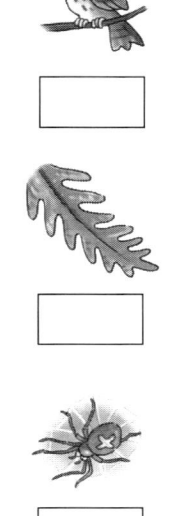

Was ist links vom Weg? Was ist rechts vom Weg?

1 bis 3 Gegenstände im Bild zeigen, dann Kästchen entsprechend lila oder rot färben.

Muster fortsetzen

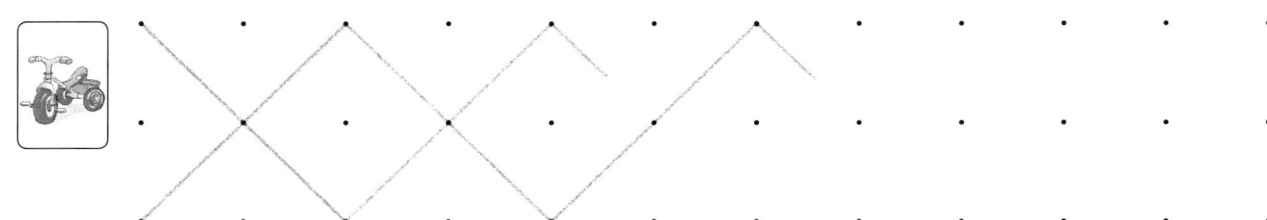

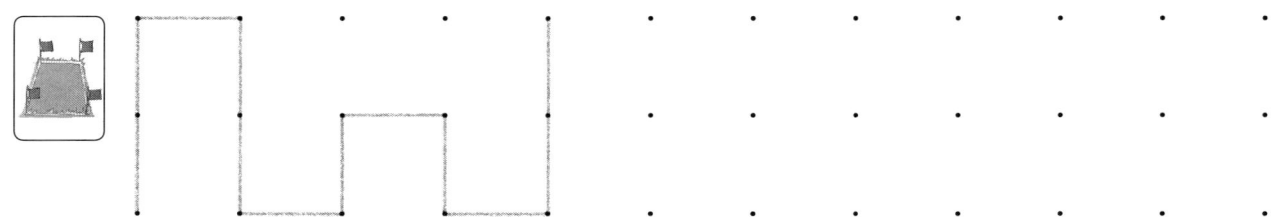

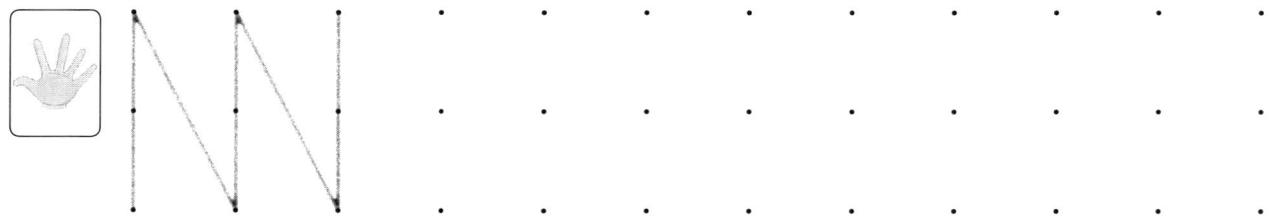

6 Selbst ein Muster ausdenken.

 **Name:** **Datum:**

Lagebezeichnungen

Welcher Gegenstand ist es? Kreuze an.

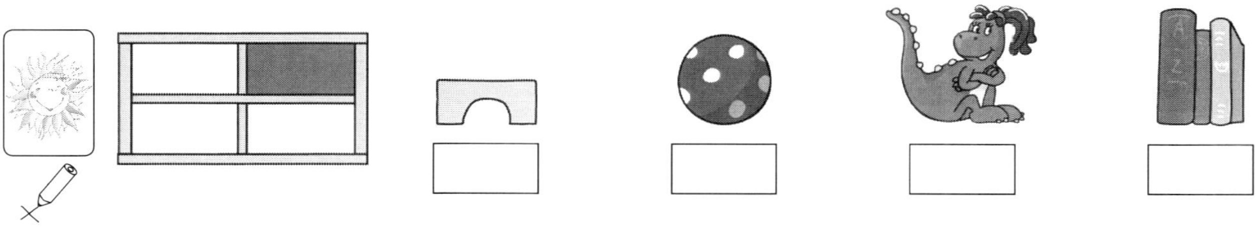

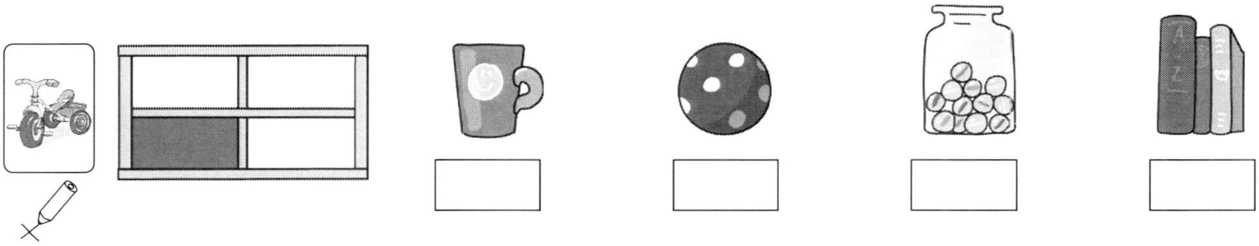

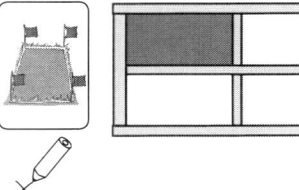

Was ist in dem Regal?
Gekennzeichnetes Fach finden und entsprechenden Gegenstand ankreuzen.

Anzahl bestimmen und Mengen einkreisen (bis 6)

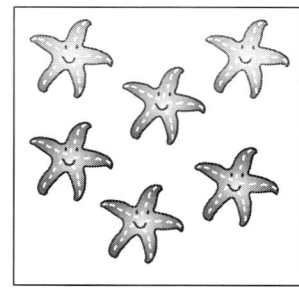

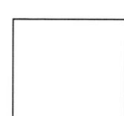

1 Anzahl feststellen, Ziffer schreiben. 2 Mengen passend zur vorgegebenen Zahl einkreisen.

Größer – kleiner

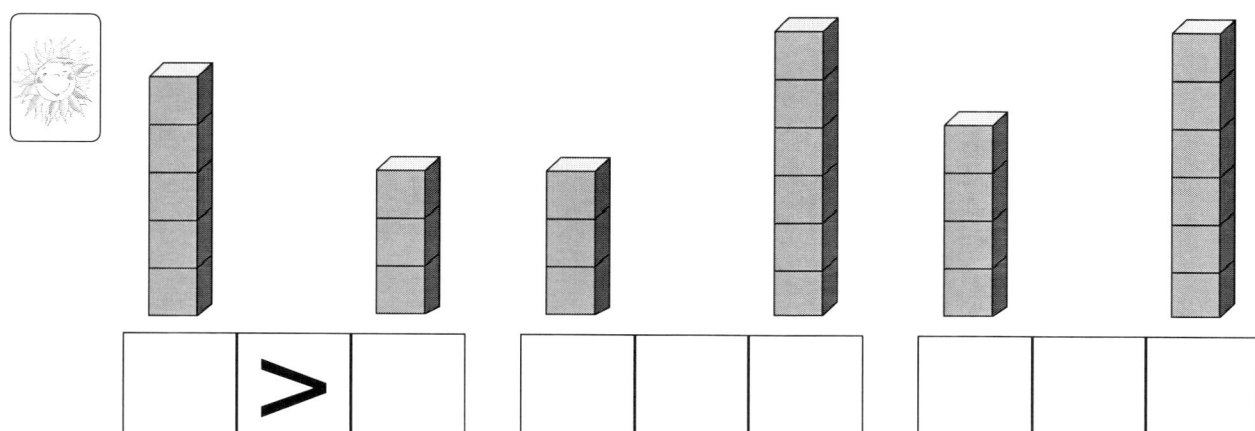

| | > | |

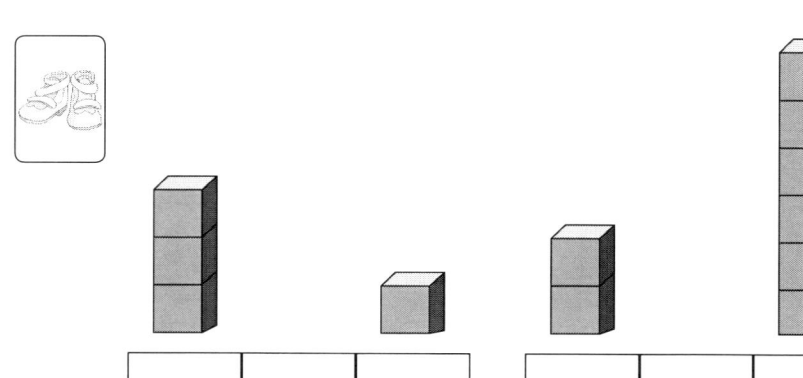

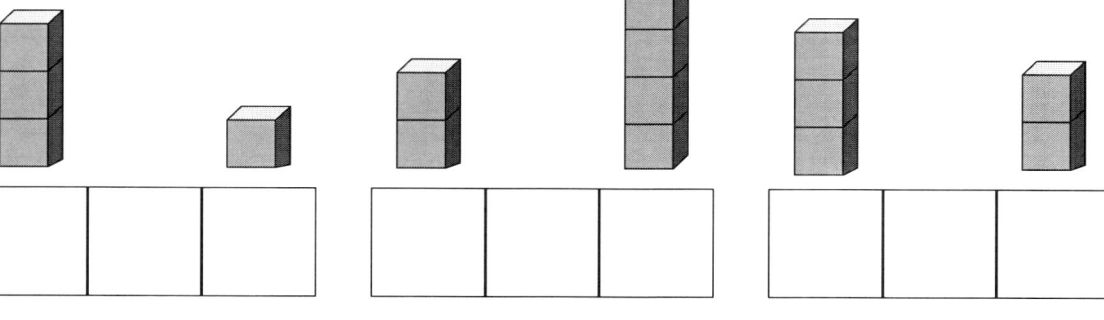

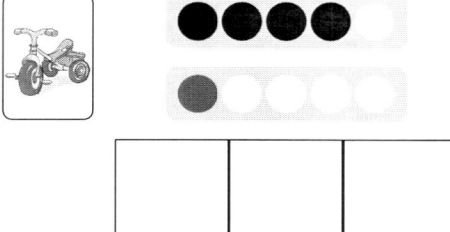 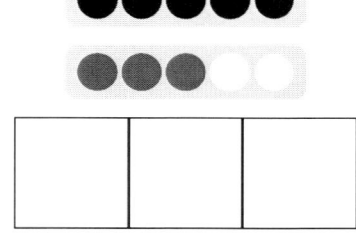 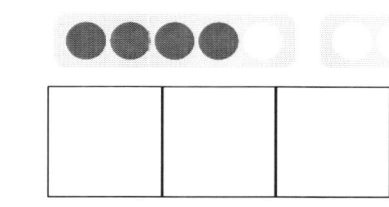

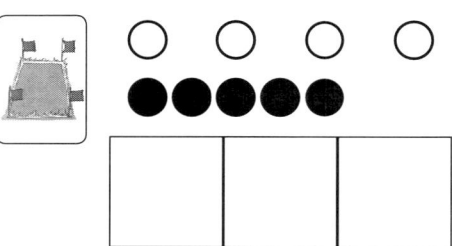 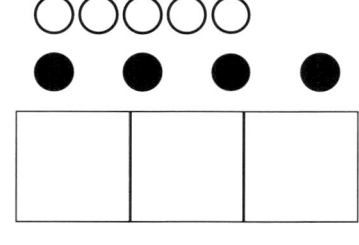 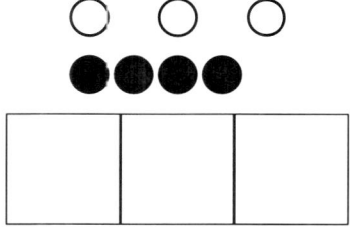

4		6		6		2		3		4
3		1		4		5		6		5

1 bis 4 Anzahl schreiben und vergleichen. Größer-/Kleiner-Zeichen einsetzen.

Plus-Geschichten

1

☐ + ☐ = ☐   ☐ + ☐ = ☐   ☐ + ☐ = ☐

2

☐ + ☐ = ☐   ☐ + ☐ = ☐   ☐ + ☐ = ☐

3

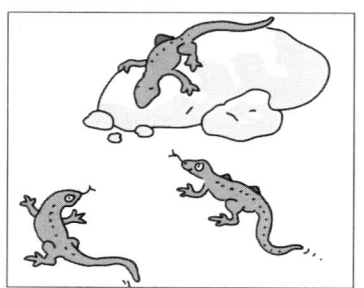  

☐ + ☐ = ☐   ☐ + ☐ = ☐   ☐ + ☐ = ☐

4

☐ + ☐ = ☐   ☐ + ☐ = ☐   ☐ + ☐ = ☐

1 bis 4 Zu jedem Bild eine Plus-Geschichte erzählen, dann Plusaufgaben schreiben.

Welche Zahl ist es?

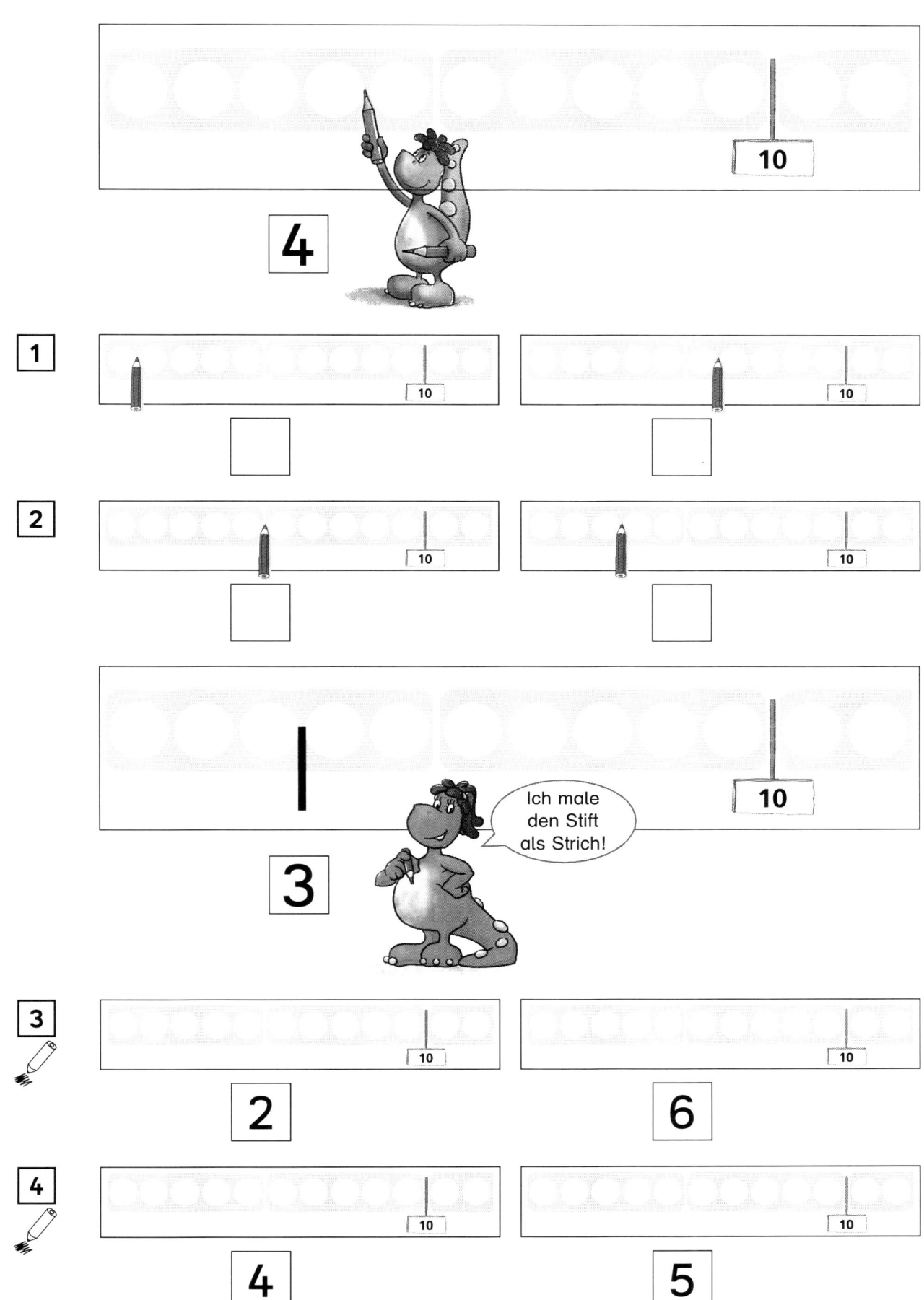

1 und 2 Gezeigte Zahl benennen und schreiben. 3 und 4 Zahlen durch einen Strich an der Rechenhilfe kennzeichnen.

Addieren mit der Rechenhilfe

1

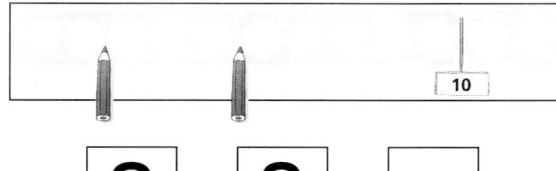

$$\boxed{2} + \boxed{3} = \boxed{}$$

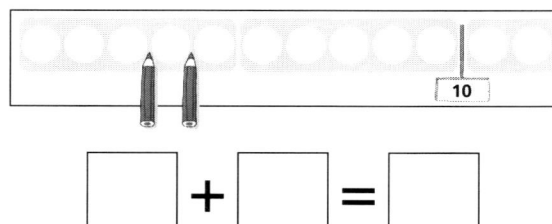

$$\boxed{} + \boxed{} = \boxed{} \qquad \boxed{} + \boxed{} = \boxed{}$$

2

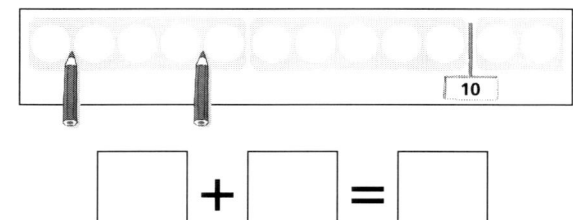

3

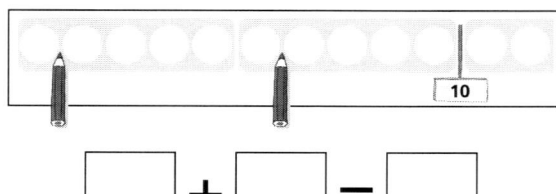

$$\boxed{} + \boxed{} = \boxed{} \qquad \boxed{} + \boxed{} = \boxed{}$$

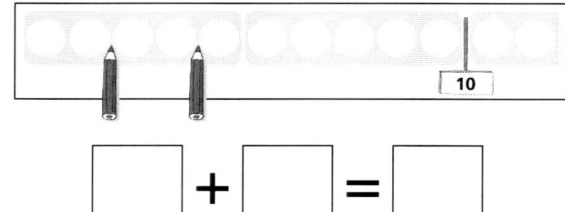

4

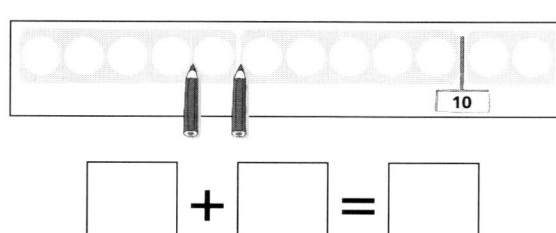

$$\boxed{} + \boxed{} = \boxed{} \qquad \boxed{} + \boxed{} = \boxed{}$$

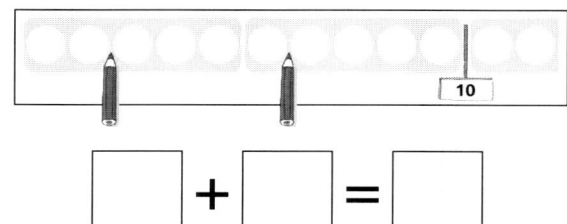

5

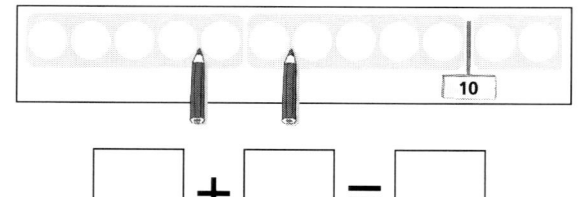

$$\boxed{} + \boxed{} = \boxed{} \qquad \boxed{} + \boxed{} = \boxed{}$$

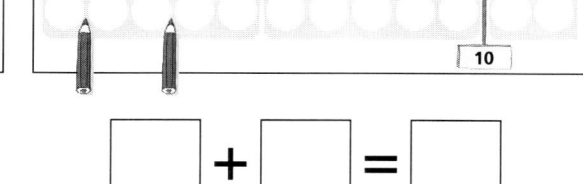

6

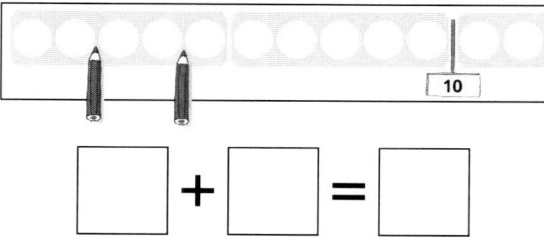

$$\boxed{} + \boxed{} = \boxed{} \qquad \boxed{} + \boxed{} = \boxed{}$$

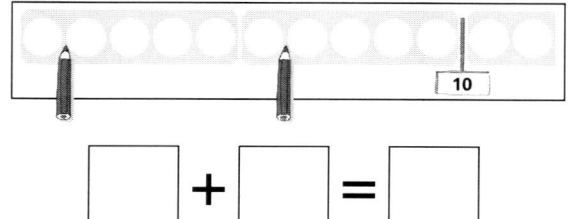

1 bis 6 Aufgaben schreiben und lösen.

Minus-Geschichten

1

 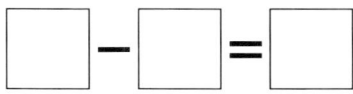 

□ − □ = □   □ − □ = □   □ − □ = □

2

□ − □ = □   □ − □ = □   □ − □ = □

3

□ − □ = □   □ − □ = □

4

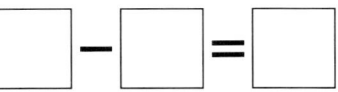   

□ − □ = □   □ − □ = □

1 bis 4 Zu jedem Bild eine Minus-Geschichte erzählen, dann Minus-Aufgaben schreiben.

Subtrahieren mit der Rechenhilfe

1

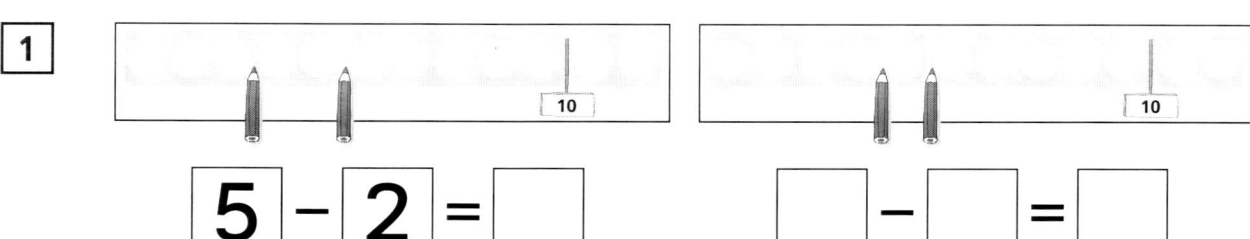

$5 - 2 = \square$ $\square - \square = \square$

2

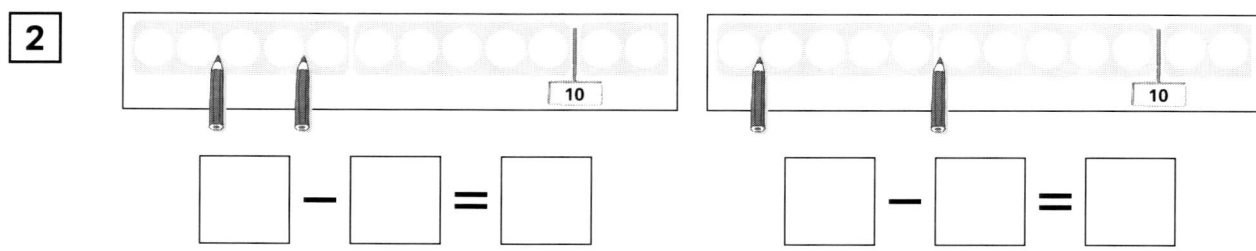

$\square - \square = \square$ $\square - \square = \square$

3

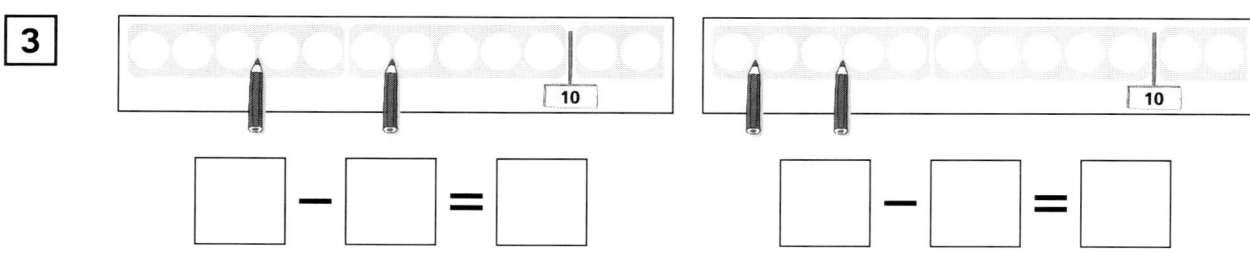

$\square - \square = \square$ $\square - \square = \square$

4

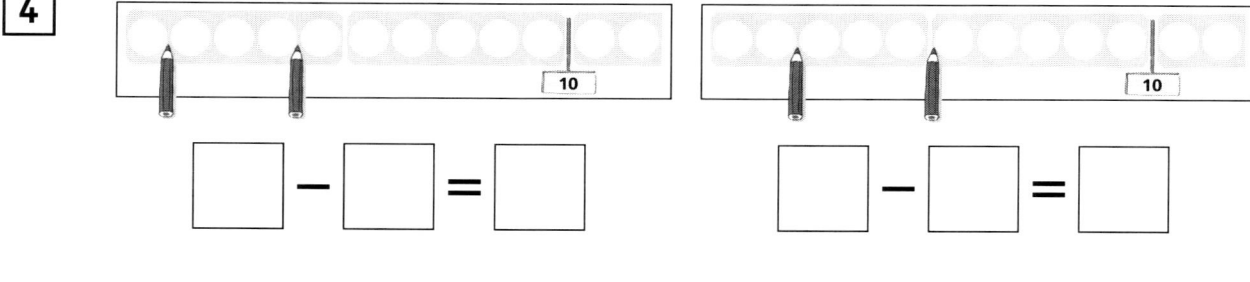

$\square - \square = \square$ $\square - \square = \square$

5

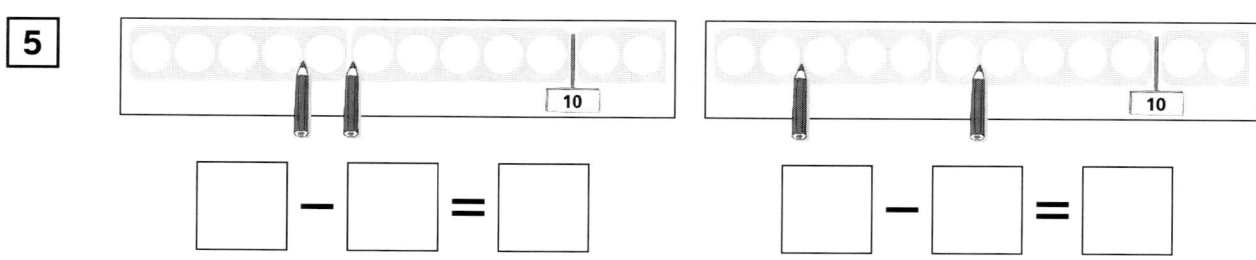

$\square - \square = \square$ $\square - \square = \square$

6

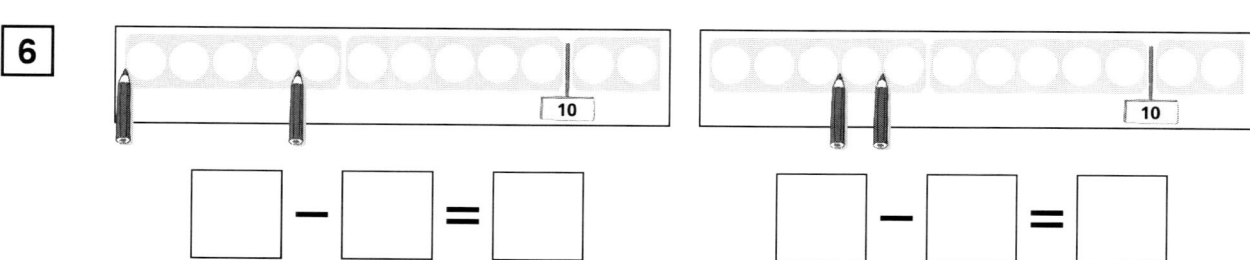

$\square - \square = \square$ $\square - \square = \square$

1 bis 6 Minus-Aufgaben schreiben und lösen.

Übungen zum Addieren bis 6

1

4 + 0 = ☐   2 + 4 = ☐   3 + 2 = ☐

1 + 2 = ☐   3 + 1 = ☐   1 + 5 = ☐

2 + 3 = ☐   0 + 2 = ☐   6 + 0 = ☐

5 + 1 = ☐   3 + 3 = ☐   1 + 4 = ☐

2

0 + 5 = ☐   4 + 2 = ☐   1 + 3 = ☐

1 + 3 = ☐   1 + 1 = ☐   4 + 1 = ☐

1 + 0 = ☐   3 + 0 = ☐   2 + 2 = ☐

2 + 1 = ☐   5 + 0 = ☐   0 + 1 = ☐

3

0 + 0 = ☐   1 + 4 = ☐   3 + 2 = ☐

1 + 1 = ☐   3 + 2 = ☐   4 + 1 = ☐

2 + 2 = ☐   0 + 6 = ☐   2 + 3 = ☐

3 + 3 = ☐   2 + 1 = ☐   5 + 0 = ☐

1 bis **3** Plus-Aufgaben bei Bedarf mit Plättchen legen oder mit Stiften zeigen.

Übungen zum Subtrahieren bis 6

1
$6 - 4 = \square$	$5 - 2 = \square$	$5 - 4 = \square$
$3 - 2 = \square$	$6 - 3 = \square$	$4 - 1 = \square$
$5 - 3 = \square$	$4 - 0 = \square$	$6 - 2 = \square$
$4 - 4 = \square$	$3 - 1 = \square$	$2 - 1 = \square$

2
$3 - 0 = \square$	$2 - 2 = \square$	$5 - 3 = \square$
$4 - 3 = \square$	$4 - 2 = \square$	$4 - 1 = \square$
$5 - 1 = \square$	$6 - 1 = \square$	$3 - 2 = \square$
$6 - 5 = \square$	$5 - 0 = \square$	$6 - 6 = \square$

3
$6 - 0 = \square$	$4 - 3 = \square$	$5 - 5 = \square$
$3 - 1 = \square$	$2 - 2 = \square$	$4 - 3 = \square$
$2 - 1 = \square$	$5 - 1 = \square$	$5 - 2 = \square$
$6 - 5 = \square$	$6 - 4 = \square$	$1 - 1 = \square$

1 bis 3 Minus-Aufgaben bei Bedarf mit Plättchen legen oder mit Stiften zeigen.

Anzahlen bis 10 erkennen

1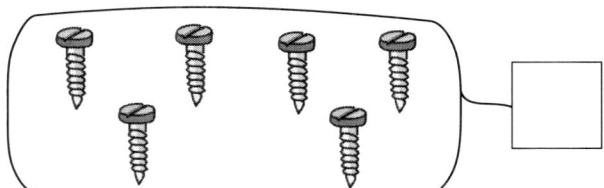

2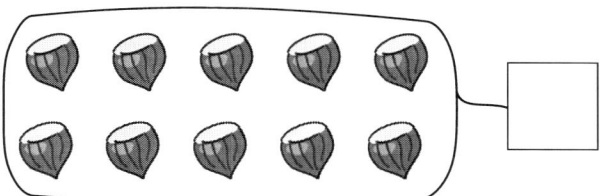

3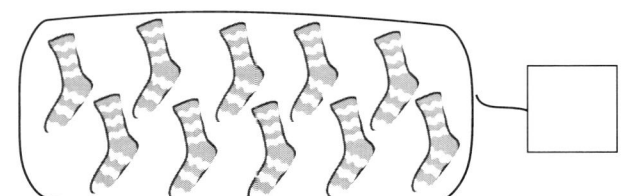

4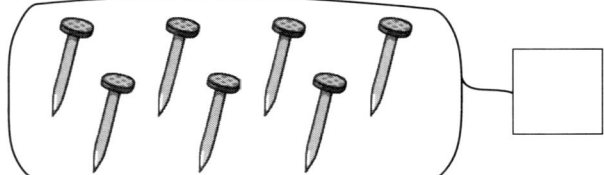

5

6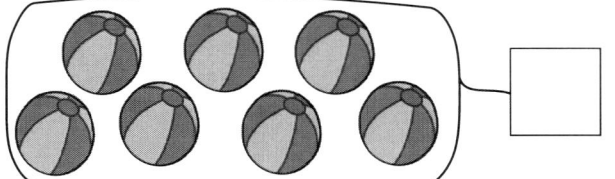

7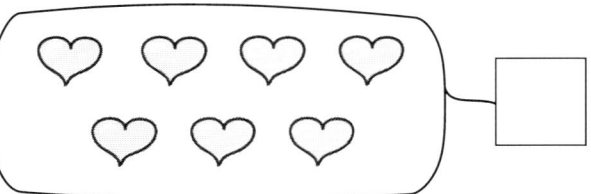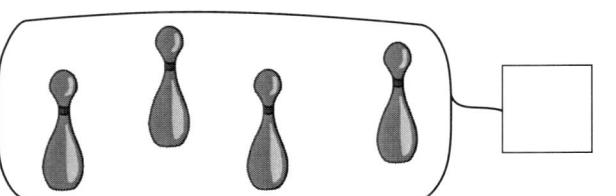

Größer und Kleiner im Zahlenraum bis 10

1

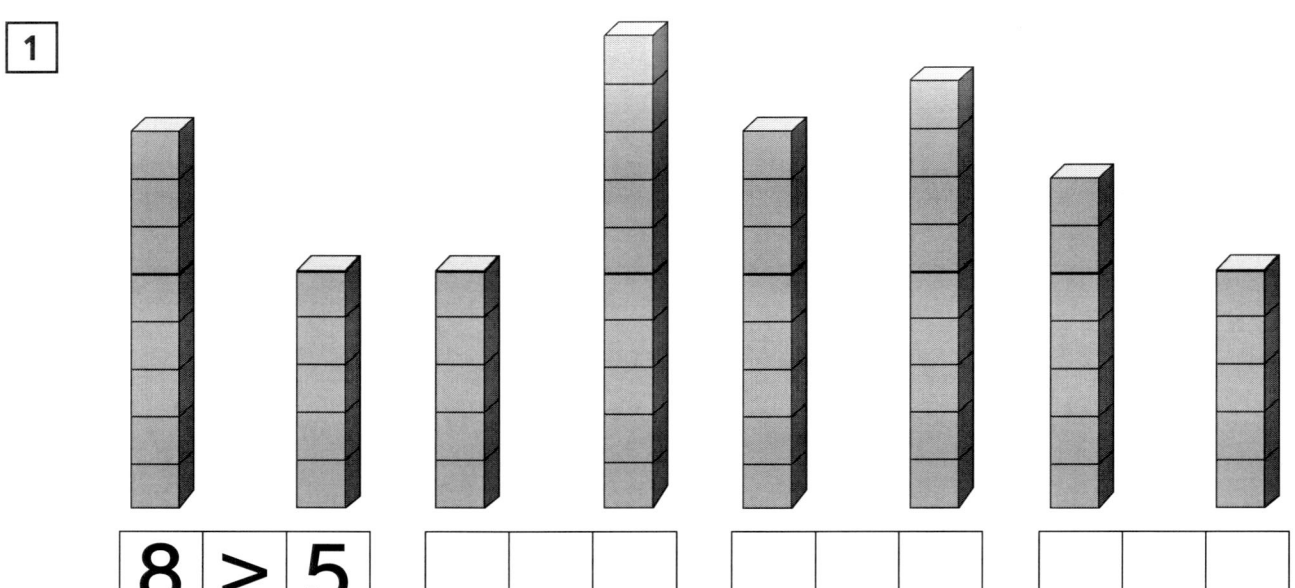

| 8 | > | 5 | | | | | | | | | |

2

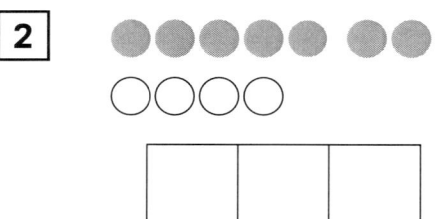 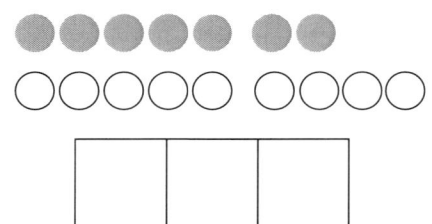 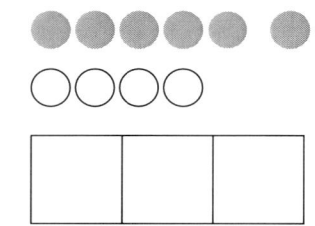

3

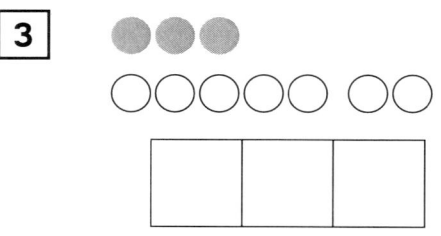 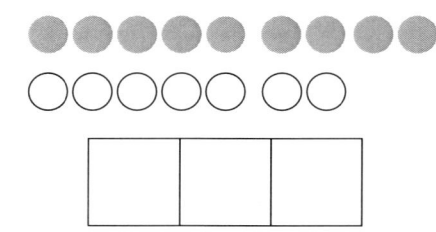 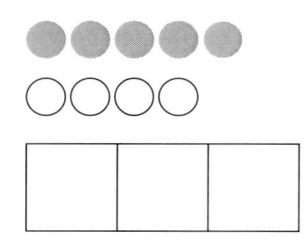

4

| 5 | | 7 | | 3 | | 2 | | 10 | | 8 | | 9 | | 6 |

| 1 | | 2 | | 4 | | 3 | | 7 | | 9 | | 5 | | 0 |

| 6 | | 3 | | 8 | | 10 | | 2 | | 4 | | 7 | | 6 |

| 4 | | 1 | | 9 | | 8 | | 0 | | 3 | | 8 | | 2 |

1 bis 3 Anzahl festellen; Größer-/Kleiner-Zeichen einsetzen.  Größer-/Kleiner-Zeichen einsetzen.

98

Plus-Geschichten im Zahlenraum bis 10

1

☐ + ☐ = ☐   ☐ + ☐ = ☐   ☐ + ☐ = ☐

2

☐ + ☐ = ☐   ☐ + ☐ = ☐   ☐ + ☐ = ☐

3

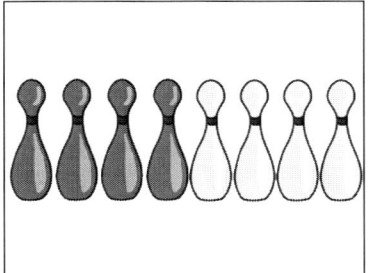 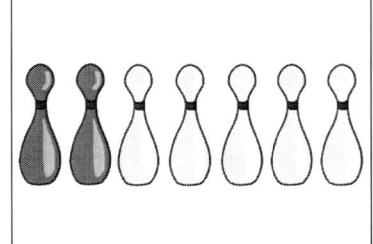 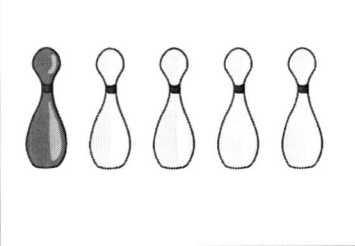

☐ + ☐ = ☐   ☐ + ☐ = ☐   ☐ + ☐ = ☐

4

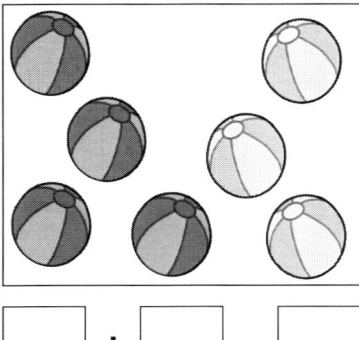 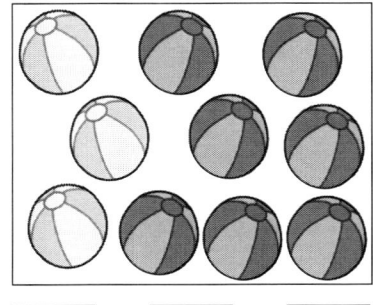  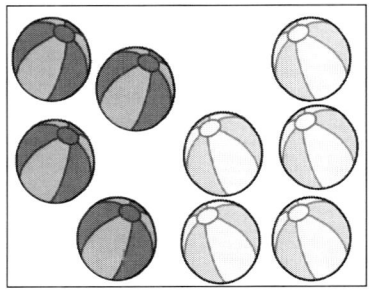

☐ + ☐ = ☐   ☐ + ☐ = ☐   ☐ + ☐ = ☐

▪ bis ▪ Erst Plus-Geschichten erzählen, dann Plus-Aufgaben schreiben.

Minus-Geschichten im Zahlenraum bis 10

1

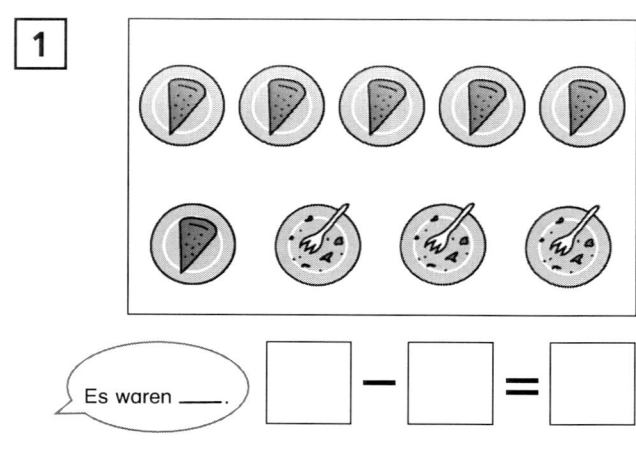
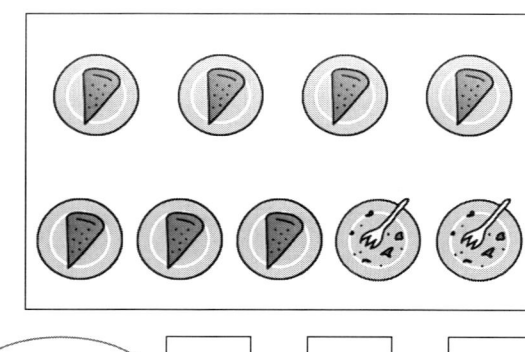

Es waren _____.   ☐ − ☐ = ☐   Es waren _____.   ☐ − ☐ = ☐

2

Es waren _____.   ☐ − ☐ = ☐   Es waren _____.   ☐ − ☐ = ☐

3

Es waren _____.   ☐ − ☐ = ☐   Es waren _____.   ☐ − ☐ = ☐

4

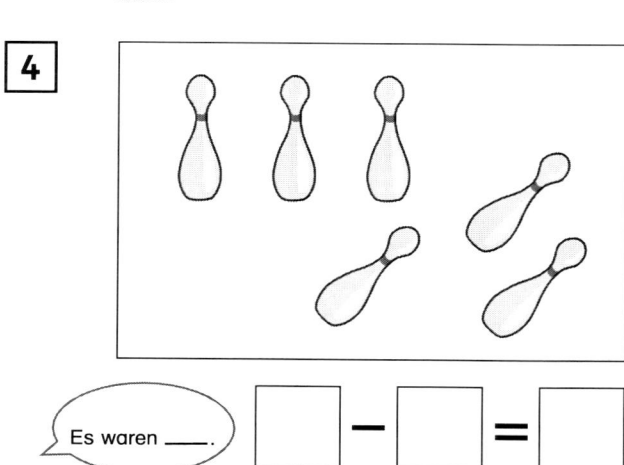
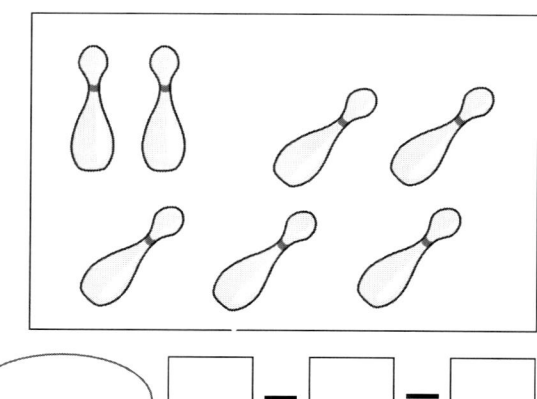

Es waren _____.   ☐ − ☐ = ☐   Es waren _____.   ☐ − ☐ = ☐

1 bis 4 Erst Minus-Geschichten erzählen, dann Minus-Aufgaben schreiben.

Gemischte Aufgaben im Zahlenraum bis 10

1 6 + 2 = ☐   10 − 5 = ☐   9 − 8 = ☐

8 − 4 = ☐   3 + 6 = ☐   2 + 5 = ☐

2 + 7 = ☐   5 + 1 = ☐   7 − 3 = ☐

2 10 − 2 = ☐   5 + 4 = ☐   4 + 6 = ☐

1 + 6 = ☐   8 − 5 = ☐   9 − 5 = ☐

7 − 5 = ☐   9 − 3 = ☐   6 + 1 = ☐

3 1 + 7 = ☐   3 + 4 = ☐   9 − 8 = ☐

10 − 3 = ☐   7 − 6 = ☐   10 − 4 = ☐

8 − 6 = ☐   5 + 1 = ☐   8 − 7 = ☐

4 1 + 9 = ☐   4 + 4 = ☐   8 + 1 = ☐

10 − 7 = ☐   9 − 6 = ☐   9 − 2 = ☐

3 + 5 = ☐   7 + 3 = ☐   7 − 4 = ☐

5 8 − 3 = ☐   7 − 2 = ☐   5 + 5 = ☐

8 + 0 = ☐   7 + 2 = ☐   5 − 3 = ☐

Geschichten zu Aufgabe und Umkehraufgabe

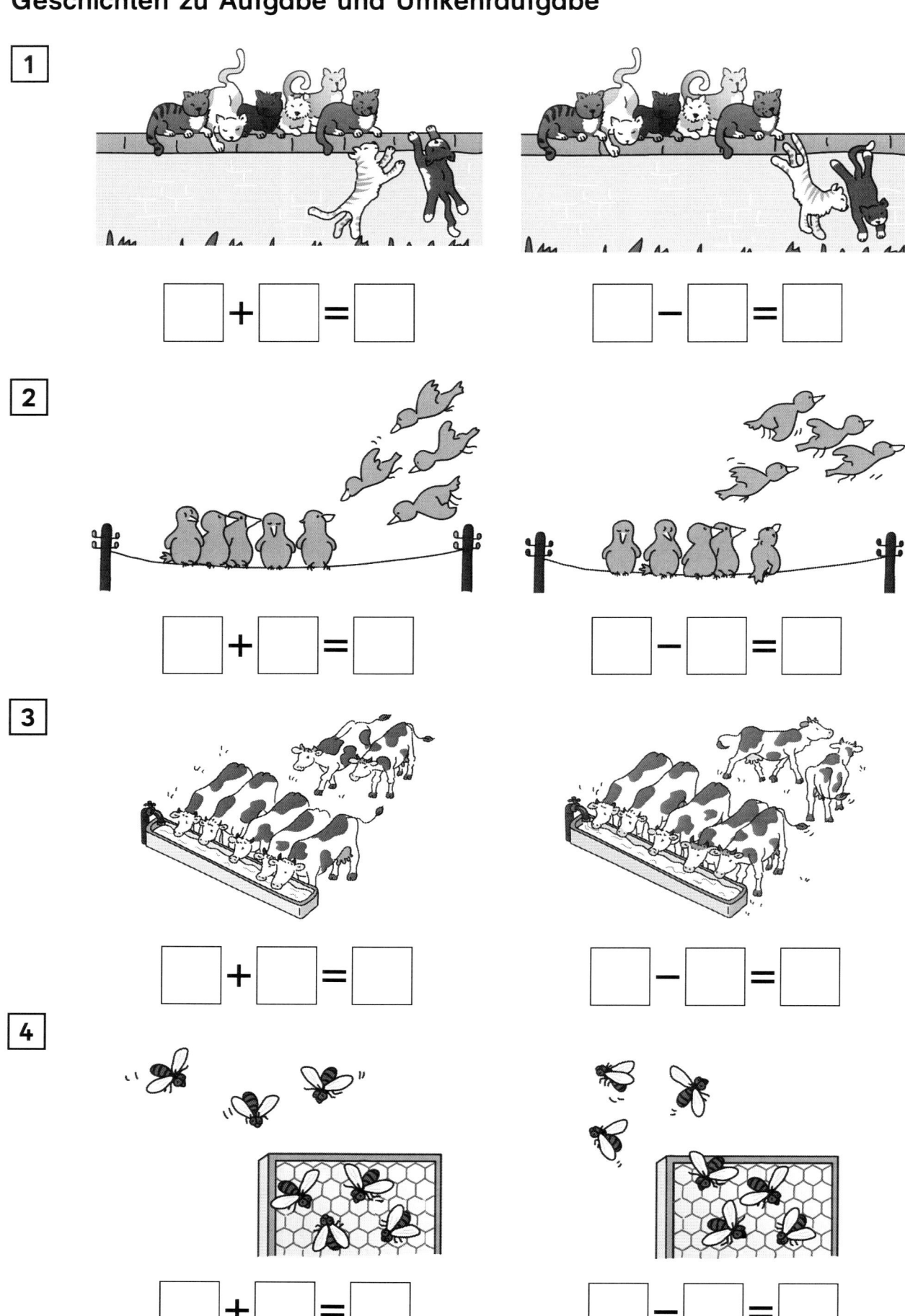

1

☐ + ☐ = ☐   ☐ − ☐ = ☐

2

☐ + ☐ = ☐   ☐ − ☐ = ☐

3

☐ + ☐ = ☐   ☐ − ☐ = ☐

4

☐ + ☐ = ☐   ☐ − ☐ = ☐

1 bis 4 Erst Geschichten zu Aufgabe und Umkehraufgabe erzählen. Dann die Aufgaben schreiben und lösen.

Rechenschiffe und Stellenwerttafel

1

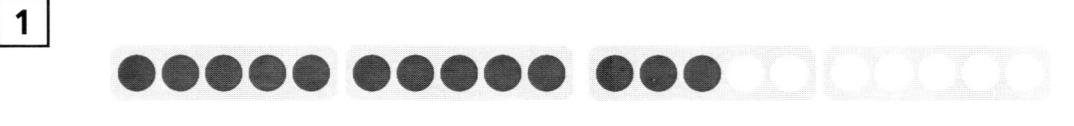 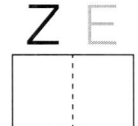

 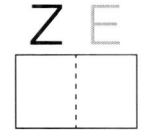

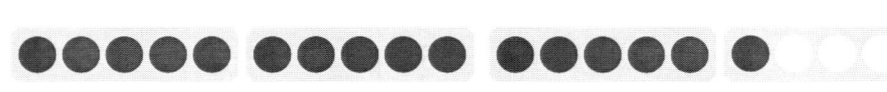 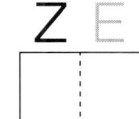

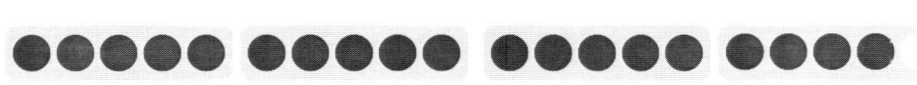 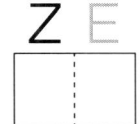

 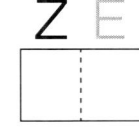

2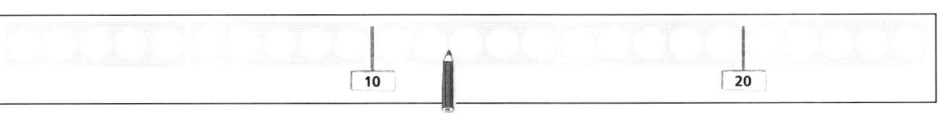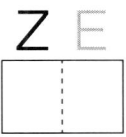

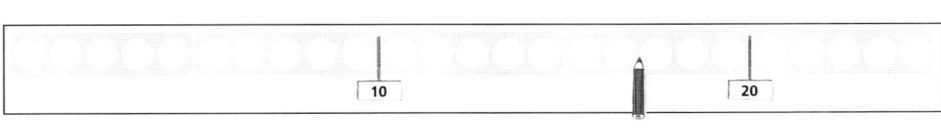 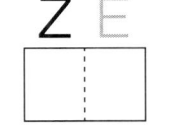

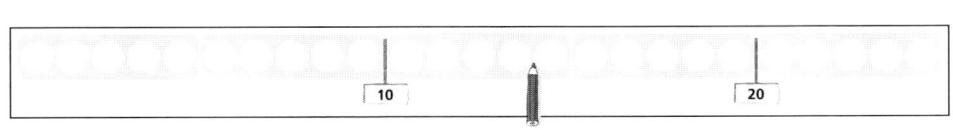 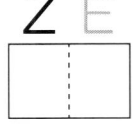

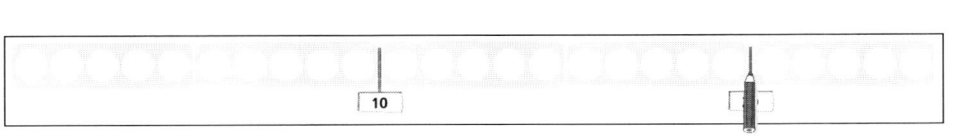 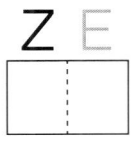

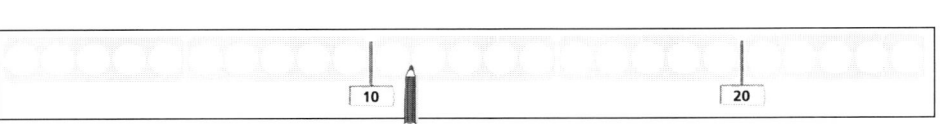 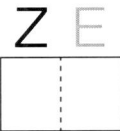

Anzahl erkennen, dann Zahl eintragen.

Größer und Kleiner im Zahlenraum bis 20

1

| | 10 | | 20 |

$$1\ 2 < \boxed{1\ 5}$$

Ich kreise die größere Zahl vorher ein.

1 6	1 8			1 6	1 2
1 7	1 4	1 2	1 9	1 4	1 9
2 0	1 7	1 4	1 1	1 3	1 6
1 5	1 9	1 3	1 8	1 1	1 0
1 2	1 6	2 0	1 5	1 9	1 4

2

1 1	1 9	1 8	1 3	1 3	1 2
1 2	1 5	2 0	1 1	1 9	2 0
1 6	2 0	1 7	1 9	2 0	1 6
1 9	1 3	1 5	1 4	1 8	1 5
2 0	1 4	1 2	1 7	1 4	1 8

3

1 5	1 8	1 8	1 9	4	1 4
1 8	1 4	2 0	1 7	1 1	1
1 1	1 7	1 7	1 5	1 8	8
1 3	1 9	1 6	1 4	3	1 3
1 5	1 6	1 3	1 8	6	1 6

1 bis **3** Hinweis: Beide Zahlen an den Rechenschiffen zeigen, dabei zeigt die linke Hand immer die kleinere Zahl.
Zusätzliche Hilfe: Zuerst größere Zahl einkreisen. Größer-/Kleiner-Zeichen einsetzen.

Name: Datum:

Analogieaufgaben bei Plusaufgaben

| 11 + 7 = ☐☐  | 1 + 7 = **8**  | 11 + 7 = **18**  |

1 15 + 3 =   ✋ 5 + 3 = ☐☐   15 + 3 = ☐☐

2 14 + 2 =   ✋ 4 + 2 = ☐☐   14 + 2 = ☐☐

3 12 + 5 =   ✋ 2 + 5 = ☐☐   12 + 5 = ☐☐

4 15 + 4 =   ✋ 5 + 4 = ☐☐   15 + 4 = ☐☐

5 1 5 + 2 = ☐☐   1 4 + 4 = ☐☐   1 2 + 6 = ☐☐
      ☐ + ☐ =   ☐ + ☐ =   ☐ + ☐ =

6 1 2 + 4 = ☐☐   1 3 + 6 = ☐☐   1 8 + 1 = ☐☐
      ☐ + ☐ =   ☐ + ☐ =   ☐ + ☐ =

7 1 4 + 3 = ☐☐   1 6 + 1 = ☐☐   1 4 + 5 = ☐☐
      ☐ + ☐ =   ☐ + ☐ =   ☐ + ☐ =

8 1 7 + 2 = ☐☐   1 3 + 5 = ☐☐   1 2 + 1 = ☐☐
      ☐ + ☐ =   ☐ + ☐ =   ☐ + ☐ =

9 1 4 + 4 = ☐☐   1 6 + 3 = ☐☐   1 3 + 4 = ☐☐
      ☐ + ☐ =   ☐ + ☐ =   ☐ + ☐ =

1 bis **4** Erst die Aufgabe ansehen, dann die Zehner zuhalten und die „kleine Aufgabe" rechnen. Dann die große Aufgabe lösen.

Analogieaufgaben bei Minusaufgaben

 18 − 5 = ☐⋮☐

 8 − 5 = ☐⋮3

 18 − 5 = 1⋮3

1	19 − 4 =	9 − 4 = ☐⋮☐	19 − 4 = ☐⋮☐
2	17 − 5 =	7 − 5 = ☐⋮☐	17 − 5 = ☐⋮☐
3	16 − 2 =	6 − 2 = ☐⋮☐	16 − 2 = ☐⋮☐
4	18 − 6 =	8 − 6 = ☐⋮☐	18 − 6 = ☐⋮☐

5
| 1 8 − 7 = ☐☐ | 1 5 − 4 = ☐☐ | 1 3 − 3 = ☐☐ |
| ☐ 8 − 7 = ☐☐ | 5 − 4 = ☐☐ | 3 − 3 = ☐☐ |

6
| 2 0 − 3 = ☐☐ | 1 7 − 5 = ☐☐ | 1 5 − 3 = ☐☐ |
| 1 0 − 3 = ☐☐ | ☐ − ☐ = ☐ | ☐ − ☐ = ☐ |

7
| 1 8 − 4 = ☐☐ | 1 7 − 4 = ☐☐ | 1 9 − 3 = ☐☐ |
| ☐ − ☐ = ☐ | ☐ − ☐ = ☐ | ☐ − ☐ = ☐ |

8
| 1 9 − 7 = ☐☐ | 1 5 − 2 = ☐☐ | 1 6 − 4 = ☐☐ |
| ☐ − ☐ = ☐ | ☐ − ☐ = ☐ | ☐ − ☐ = ☐ |

9
| 1 3 − 2 = ☐☐ | 1 8 − 5 = ☐☐ | 1 9 − 4 = ☐☐ |
| ☐ − ☐ = ☐ | ☐ − ☐ = ☐ | ☐ − ☐ = ☐ |

10
| 1 7 − 6 = ☐☐ | 2 0 − 6 = ☐☐ | 1 6 − 3 = ☐☐ |
| ☐ − ☐ = ☐ | ☐ − ☐ = ☐ | ☐ − ☐ = ☐ |

1 bis 4 Erst die Aufgabe ansehen, dann die Zehner zuhalten und die „kleine Aufgabe" rechnen. Dann die große Aufgabe lösen.

Gemischte Aufgaben ohne Zehnerübergang

| 10 | 20 |

1

5 + 3 = ☐   4 + 2 = ☐   1 + 6 = ☐
15 + 3 = ☐   14 + 2 = ☐   11 + 6 = ☐
15 + 1 = ☐   14 + 5 = ☐   11 + 4 = ☐
15 + 4 = ☐   14 + 3 = ☐   11 + 8 = ☐

2

12 + 3 = ☐   16 + 2 = ☐   19 + 1 = ☐
14 + 4 = ☐   18 + 1 = ☐   12 + 7 = ☐
13 + 6 = ☐   15 + 3 = ☐   14 + 1 = ☐
17 + 3 = ☐   11 + 5 = ☐   16 + 3 = ☐

3

9 − 2 = ☐   6 − 4 = ☐   8 − 5 = ☐
19 − 2 = ☐   16 − 4 = ☐   18 − 5 = ☐
19 − 7 = ☐   16 − 3 = ☐   18 − 6 = ☐
19 − 4 = ☐   16 − 5 = ☐   18 − 3 = ☐

4

17 − 5 = ☐   20 − 3 = ☐   19 − 6 = ☐
14 − 3 = ☐   16 − 2 = ☐   17 − 4 = ☐
18 − 4 = ☐   13 − 1 = ☐   18 − 2 = ☐
19 − 8 = ☐   15 − 4 = ☐   15 − 3 = ☐

Rund um die 10

1

10	10	10	10
6 ☐	4 ☐	9 ☐	7 ☐
3 ☐	7 ☐	5 ☐	1 ☐
1 ☐	2 ☐	8 ☐	6 ☐

2

$4 + \boxed{} = 10$ $\qquad$ $1 + \boxed{} = 10$ $\qquad$ $6 + \boxed{} = 10$

$8 + \boxed{} = 10$ $\qquad$ $7 + \boxed{} = 10$ $\qquad$ $9 + \boxed{} = 10$

$3 + \boxed{} = 10$ $\qquad$ $5 + \boxed{} = 10$ $\qquad$ $2 + \boxed{} = 10$

3

$10 + 2 = \boxed{}$ $\qquad$ $10 + 1 = \boxed{}$ $\qquad$ $10 + 4 = \boxed{}$

$10 + 7 = \boxed{}$ $\qquad$ $10 + 6 = \boxed{}$ $\qquad$ $10 + 5 = \boxed{}$

$10 + 9 = \boxed{}$ $\qquad$ $10 + 8 = \boxed{}$ $\qquad$ $10 + 3 = \boxed{}$

4

$19 - \boxed{} = 10$ $\qquad$ $17 - \boxed{} = 10$ $\qquad$ $12 - \boxed{} = 10$

$13 - \boxed{} = 10$ $\qquad$ $11 - \boxed{} = 10$ $\qquad$ $15 - \boxed{} = 10$

$14 - \boxed{} = 10$ $\qquad$ $18 - \boxed{} = 10$ $\qquad$ $16 - \boxed{} = 10$

5

$10 - 4 = \boxed{}$ $\qquad$ $10 - 9 = \boxed{}$ $\qquad$ $10 - 3 = \boxed{}$

$10 - 1 = \boxed{}$ $\qquad$ $10 - 2 = \boxed{}$ $\qquad$ $10 - 7 = \boxed{}$

$10 - 8 = \boxed{}$ $\qquad$ $10 - 6 = \boxed{}$ $\qquad$ $10 - 5 = \boxed{}$

Zehnerübergang beim Addieren erkennen

$6 + 2 =$ __8__ ☐
$6 + 8 = 14$ ☒
$6 + 6 = 12$ ☒

| $6 + 8 = 14$ |
| $6 + 4 = 10$ |
| $10 + 4 = 14$ |

| $6 + 6 = 12$ |
| $6 + 4 = 10$ |
| $10 + 2 = 12$ |

1 $7 + 7 =$ ____ ☒
$7 + 1 =$ ____ ☐
$7 + 4 =$ ____ ☐

$7 + 7 =$	
$+$	$=$
$+$	$=$

$+$	$=$
$+$	$=$
$+$	$=$

2 $2 + 5 =$ ____ ☐
$7 + 8 =$ ____ ☐
$5 + 9 =$ ____ ☐

$+$	$=$
$+$	$=$
$+$	$=$

$+$	$=$
$+$	$=$
$+$	$=$

3 $9 + 8 =$ ____ ☐
$8 + 5 =$ ____ ☐
$7 + 2 =$ ____ ☐

$+$	$=$
$+$	$=$
$+$	$=$

$+$	$=$
$+$	$=$
$+$	$=$

4 $6 + 7 =$ ____ ☐
$8 + 1 =$ ____ ☐
$4 + 9 =$ ____ ☐

$+$	$=$
$+$	$=$
$+$	$=$

$+$	$=$
$+$	$=$
$+$	$=$

5 $9 + 6 =$ ____ ☐
$6 + 3 =$ ____ ☐
$5 + 6 =$ ____ ☐

$+$	$=$
$+$	$=$
$+$	$=$

$+$	$=$
$+$	$=$
$+$	$=$

1 bis **5** Welche zwei Aufgaben gehen über die 10? Aufgaben ankreuzen, dann alle Aufgaben rechnen.

Zehnerübergang beim Subtrahieren erkennen

$$6 - 2 = 4\ \square$$
$$16 - 9 = 7\ \boxtimes$$
$$16 - 8 = 8\ \boxtimes$$

1 6	− 9	=	7
1 6	− 6	=	1 0
1 0	− 3	=	7

1 6	− 8	=	8
1 6	− 6	=	1 0
1 0	− 2	=	8

1
$$15 - 9 = \boxtimes$$
$$15 - 3 = \square$$
$$15 - 7 = \square$$

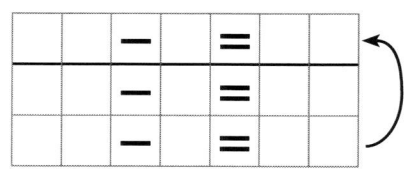

2
$$11 - 4 = \square$$
$$17 - 4 = \square$$
$$13 - 4 = \square$$

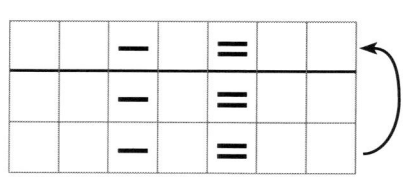

3
$$14 - 7 = \square$$
$$11 - 8 = \square$$
$$16 - 3 = \square$$

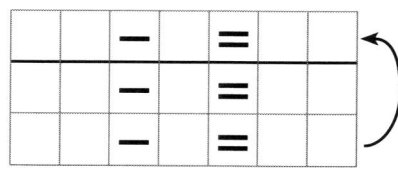

4
$$12 - 4 = \square$$
$$17 - 8 = \square$$
$$18 - 2 = \square$$

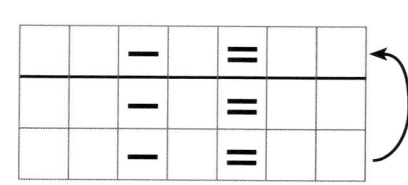

5
$$11 - 5 = \square$$
$$19 - 4 = \square$$
$$13 - 6 = \square$$

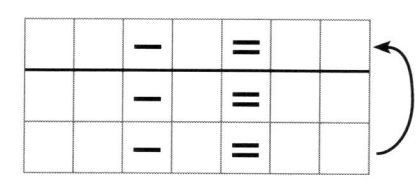

1 bis 5 Welche zwei Aufgaben gehen über die 10? Aufgaben ankreuzen, dann alle Aufgaben rechnen.

Würfelbauten

1

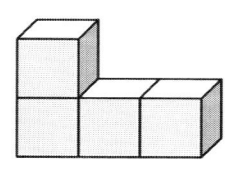   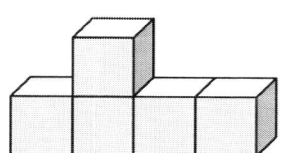   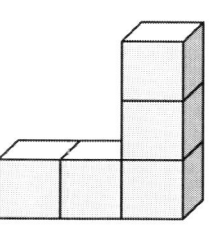

_____ Würfel   _____ Würfel   _____ Würfel

2

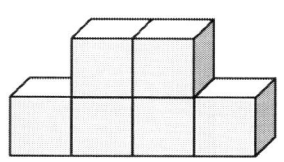   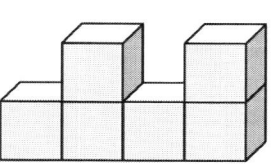   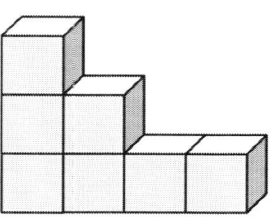

_____ Würfel   _____ Würfel   _____ Würfel

3

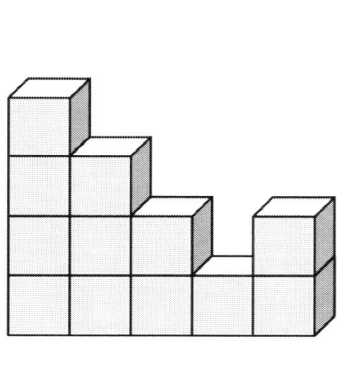   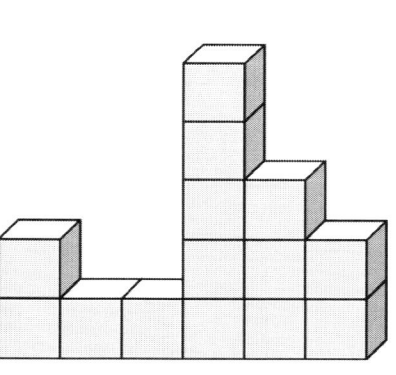   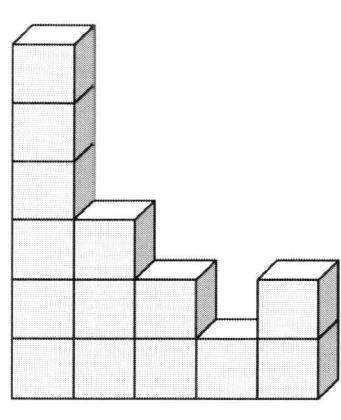

_____ Würfel   _____ Würfel   _____ Würfel

4

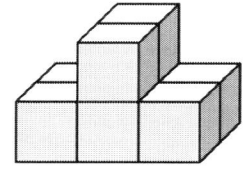   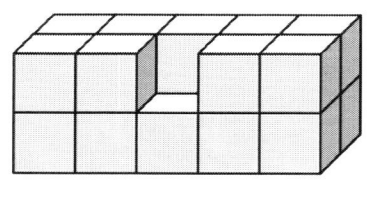   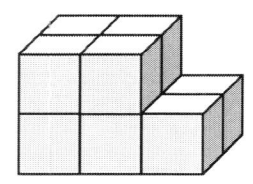

_____ Würfel   _____ Würfel   _____ Würfel

Zehnerkartons und Einer

1

3	Z	+		E	=		
3	0	+			=		

2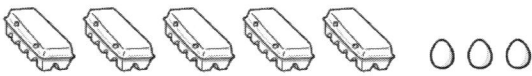

	Z	+		E	=		
		+			=		

3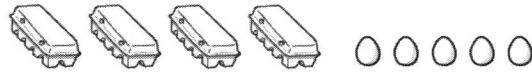

	Z	+		E	=		
		+			=		

4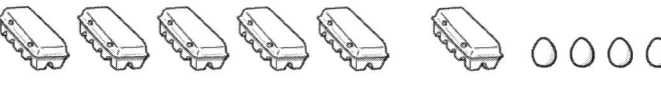

	Z	+		E	=		
		+			=		

5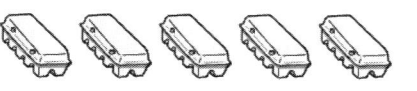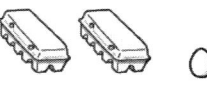

	Z	+		E	=		
		+			=		

6

	Z	+		E	=		
		+			=		

7

	Z	+		E	=		
		+			=		

1 bis **7** Zuerst Zahl mit Einer-/Zehnerkarten (Beilage) legen, dann Zehner und Einer eintragen.
Anschließend Aufgabe (Zehner- und Einerzahl) schreiben. Zahl lesen.

Zehnerstangen und Einer

1

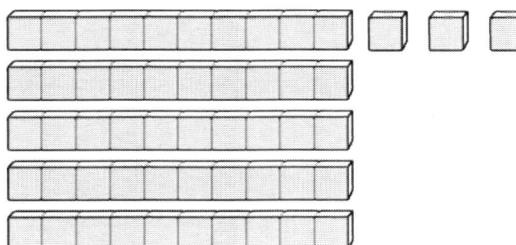 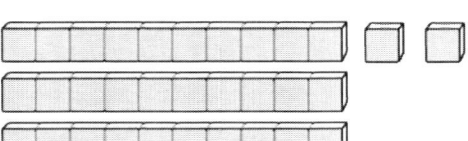

_5_ Z + ___ E = _____   ___ Z + ___ E = _____

_5_ _0_ + ___ = _____   _____ + ___ = _____

2

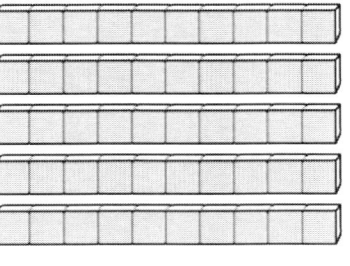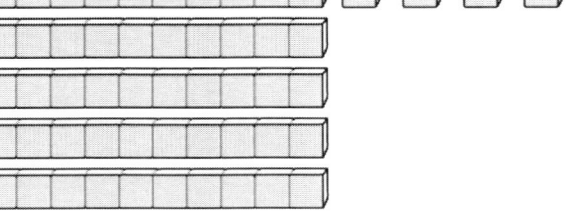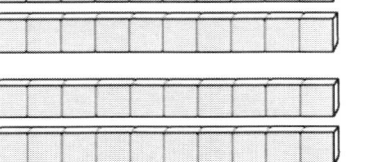 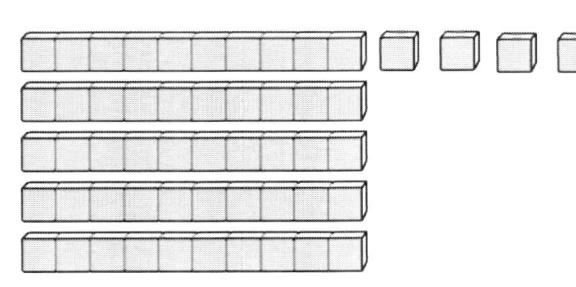

___ Z + ___ E = _____   ___ Z + ___ E = _____

_____ + ___ = _____   _____ + ___ = _____

3

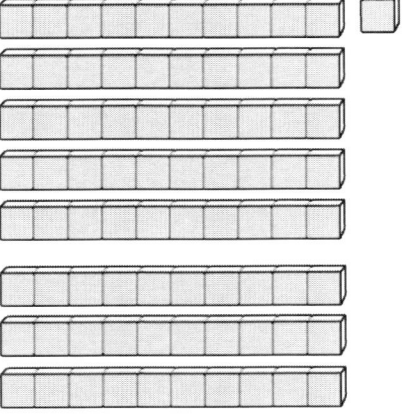 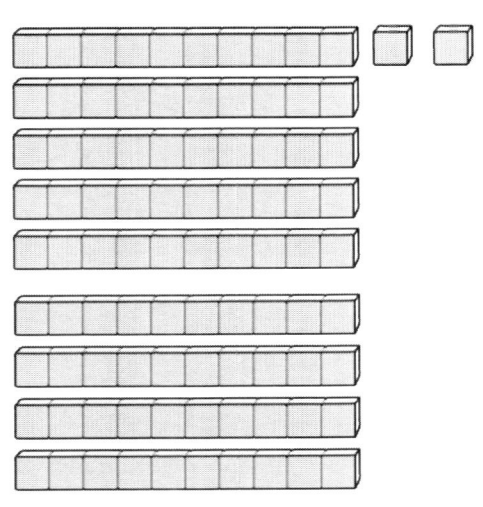

___ Z + ___ E = _____   ___ Z + ___ E = _____

_____ + ___ = _____   _____ + ___ = _____

Geheimschrift

1

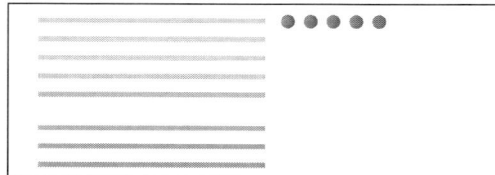 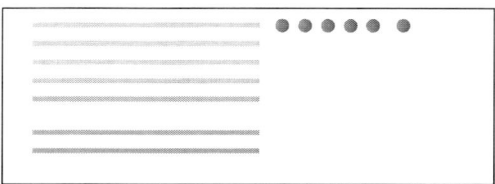

__ Z + __ E = _____   __ Z + __ E = _____

_____ + __ = _____   _____ + __ = _____

2

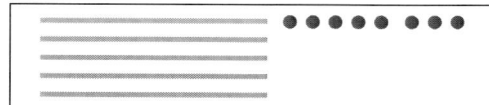 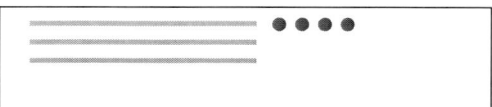

__ Z + __ E = _____   __ Z + __ E = _____

_____ + __ = _____   _____ + __ = _____

3

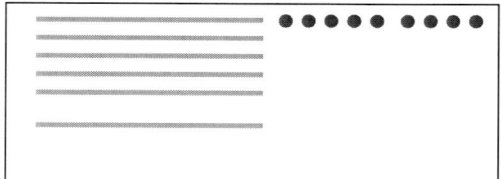 

__ Z + __ E = _____   __ Z + __ E = _____

_____ + __ = _____   _____ + __ = _____

4

8 Z + 5 E = _____   7 Z + 3 E = _____

_____ + __ = _____   _____ + __ = _____

5

3 Z + 7 E = _____   2 Z + 6 E = _____

_____ + __ = _____   _____ + __ = _____

4 und **5** Geheimschrift zeichnen, dann lösen.

Welche Zahl ist es am Zahlenstrahl?

1

60   70   80   100

Ich zeige die Zahl ____.

2

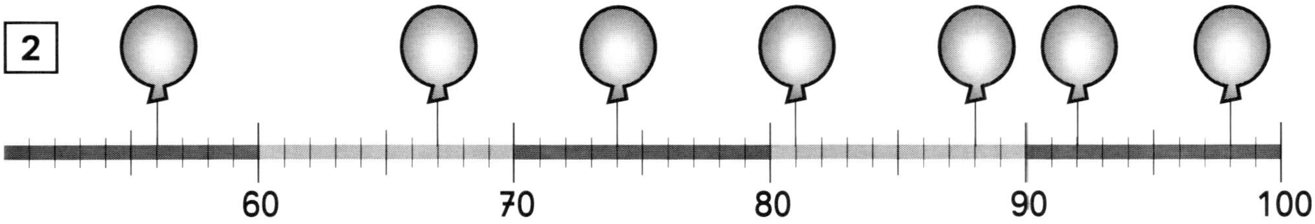

60   70   80   90   100

3

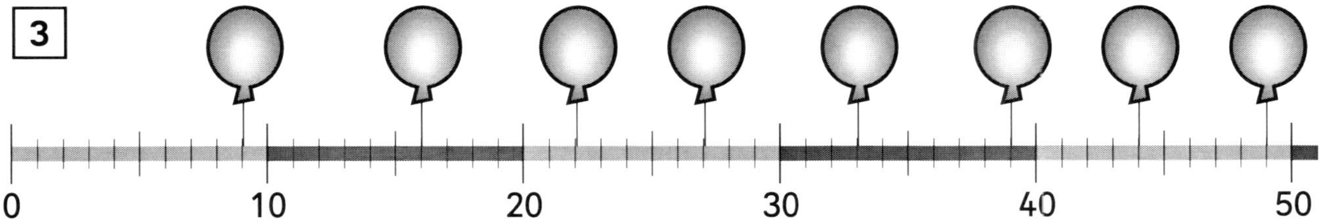

0   10   20   30   40   50

4

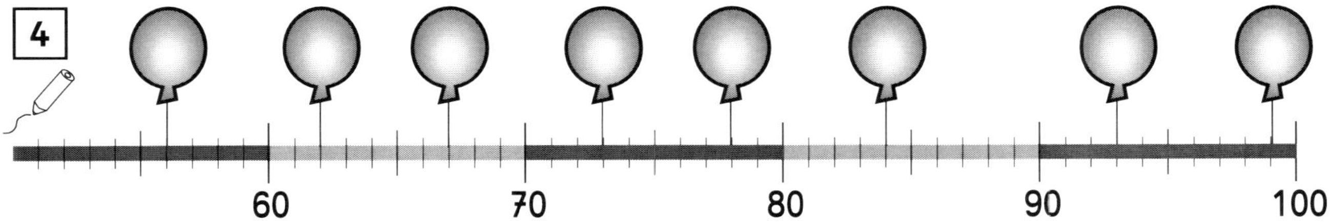

60   70   80   90   100

5

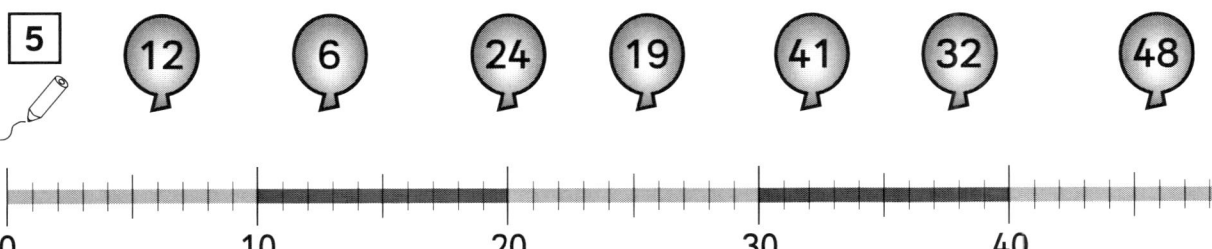

12   6   24   19   41   32   48

0   10   20   30   40   50

6

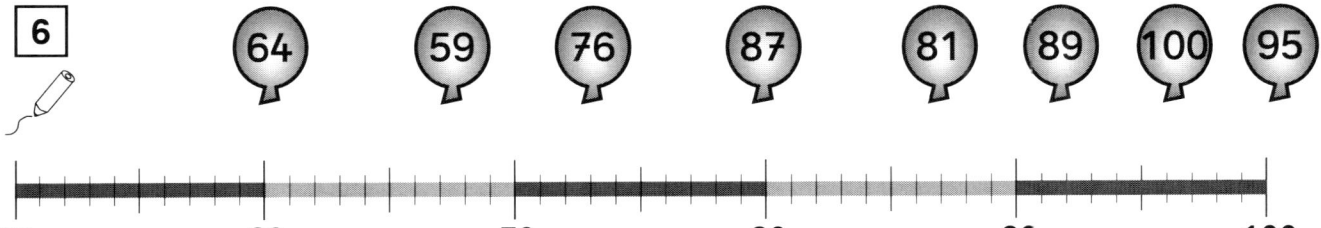

64   59   76   87   81   89   100   95

50   60   70   80   90   100

1 bis 4 Zahlen in die Ballons eintragen.
5 und 6 Ballons passend mit dem Zahlenstrahl verbinden.

Größer – kleiner

0 10 20 30 40 50 60 70 80 90 100

$5\ 7 < \boxed{6\ 8}$

Ich kreise die größere Zahl vorher ein.

1

1 7	3 6		1 7	1 8
4 5	4 4	8 1 8 2	1 4	2 0
6 9	7 8	9 7 7 9	1 9	1 7
2 8	8 6	4 6 5 4	1 3	1 5
5 6	4 8	5 6 6 5	1 4	1 2

2

8 2	8 1	7 7 0	4 2	2 4
1 9	9 1	2 4 4 2	7 2	7 1
5 4	4 4	6 0 2 0	6 8	8 6
8 9	9 0	5 6 5 7	2 4	3 4
2 5	5 2	3 7 3 8	5 8	8 5

3

2 5	5 2	1 9 1 1	6 1	5 9
7 3	7 4	4 4 1 8	5 6	6 5
9 6	9 5	5 0 6 0	2 3	3 3
2 0	3 0	8 0 7 8	9	1 9
8 2	2 8	3 5 2 0	3 7	2 8

1 bis **3** Hinweis: Beide Zahlen am Rechenstrich zeigen, dabei zeigt die linke Hand immer die kleinere Zahl. Größer-/Kleiner-Zeichen einsetzen.

Ergänzen bei Plusaufgaben

1　63 + _3_ = 66　　61 + ___ = 67　　64 + ___ = 69
　　　 3 + _3_ = 6　　 1 + ___ = 7　　 4 + ___ = 9

2　72 + ___ = 78　　46 + ___ = 48　　52 + ___ = 57
　　　 2 + ___ = 8　　 6 + ___ = 8　　 2 + ___ = 7

3　41 + ___ = 45　　93 + ___ = 99　　54 + ___ = 58
　　　 1 + ___ = 5　　 3 + ___ = 9　　 4 + ___ = 8

4　65 + ___ = 69　　43 + ___ = 44　　25 + ___ = 28
　　　 5 + ___ = 9　　 3 + ___ = 4　　 5 + ___ = 8

5　 2 + ___ = 6　　 4 + ___ = 7　　 7 + ___ = 9
　　　12 + ___ = 16　　14 + ___ = 17　　17 + ___ = 19
　　　32 + ___ = 36　　44 + ___ = 47　　57 + ___ = 59
　　　82 + ___ = 86　　94 + ___ = 97　　77 + ___ = 79

6　 1 + ___ = 9　　 3 + ___ = 8　　 4 + ___ = 8
　　　11 + ___ = 19　　13 + ___ = 18　　14 + ___ = 18
　　　41 + ___ = 49　　33 + ___ = 38　　54 + ___ = 58
　　　91 + ___ = 99　　73 + ___ = 78　　84 + ___ = 88

7　 6 + ___ = 8　　 5 + ___ = 9　　 2 + ___ = 9
　　　26 + ___ = 28　　35 + ___ = 39　　22 + ___ = 29
　　　56 + ___ = 58　　45 + ___ = 49　　52 + ___ = 59
　　　86 + ___ = 88　　75 + ___ = 79　　92 + ___ = 99

Uhrzeiten in beiden Tageshälften

1   Trage beide Uhrzeiten ein.

   ____ Uhr   ____ Uhr   ____ Uhr   ____ Uhr

   ____ Uhr   ____ Uhr   ____ Uhr   ____ Uhr

   ____ Uhr   ____ Uhr   ____ Uhr   ____ Uhr   ____ Uhr

   ____ Uhr   ____ Uhr   ____ Uhr   ____ Uhr   ____ Uhr

2   Welche Uhrzeit passt?

Nachmittag   Abend   Nacht   Morgen   Nacht

____ Uhr   ____ Uhr   ____ Uhr   ____ Uhr   ____ Uhr

Morgen   Vormittag   Abend   Nacht   Nachmittag

____ Uhr   ____ Uhr   ____ Uhr   ____ Uhr   ____ Uhr

Mittag   Nacht   Morgen   Nacht   Mittag

____ Uhr   ____ Uhr   ____ Uhr   ____ Uhr   ____ Uhr

1 und **2** Gegebenenfalls Uhrzeiten auf der Lernuhr einstellen.

Sachrechnen – Plus- und Minus-Geschichten

1

An der Leine hängen ____ Teile.

Lukas hat noch 6 Teile im Korb.

Wie viele Teile sind es

zusammen?

____ + ____ = ____

Zusammen sind es ____ Teile.

An der Leine hängen ____ Teile.

Annika hat noch 4 Teile im Korb.

Wie viele Teile sind es

zusammen? ____ + ____ = ____

_____

_____

2

An der Leine hängen ____ Teile.

Leila will 6 Teile abhängen.

Wie viele Teile bleiben an der

Leine hängen?

____ – ____ = ____

Es bleiben ____ Teile hängen.

An der Leine hängen ____ Teile.

Max will 9 Teile abhängen.

Wie viele Teile bleiben an der

Leine hängen? ____ – ____ =

_____

_____

Zehnerübergang beim Addieren erkennen

24 + 28 = <u>5 2</u> ☒
24 + 25 = <u>4 9</u> □
24 + 29 = <u>5 3</u> ☒

2 4	+	2 8	=	5 2
2 4	+	2 0	=	4 4
4 4	+		8	=	5 2

2 4	+	2 9	=	5 3
2 4	+	2 0	=	4 4
4 4	+		9	=	5 3

Ich schaue mir zuerst die Einer an.
4 + 8 ist mehr als 10, also Zehnerübergang.

1   34 + 42 = ____ □
36 + 37 = ____ ☒
37 + 29 = ____ □

3 6	+	3 7	=		
	+		=		
	+		=		

	+		=	
	+		=	
	+		=	

2   44 + 17 = ____ □
46 + 21 = ____ □
49 + 35 = ____ □

	+		=	
	+		=	
	+		=	

	+		=	
	+		=	
	+		=	

3   25 + 38 = ____ □
29 + 45 = ____ □
26 + 61 = ____ □

	+		=	
	+		=	
	+		=	

	+		=	
	+		=	
	+		=	

4   53 + 13 = ____ □
68 + 27 = ____ □
47 + 36 = ____ □

	+		=	
	+		=	
	+		=	

	+		=	
	+		=	
	+		=	

5   19 + 78 = ____ □
35 + 42 = ____ □
26 + 56 = ____ □

	+		=	
	+		=	
	+		=	

	+		=	
	+		=	
	+		=	

6   47 + 14 = ____ □
52 + 39 = ____ □
64 + 23 = ____ □

	+		=	
	+		=	
	+		=	

	+		=	
	+		=	
	+		=	

1 bis **6** Welche Aufgaben gehen über den Zehner? Aufgaben ankreuzen, dann alle Aufgaben rechnen.

Name: **Datum:**

Zehnerübergang beim Subtrahieren erkennen

$65 - 24 = \underline{41}\ \square$

$65 - 26 = \underline{39}\ \boxtimes$

$65 - 29 = \underline{36}\ \boxtimes$

6	5	−	2	6	=	3	9
6	5	−	2	0	=	4	5
4	5	−		6	=	3	9

6	5	−	2	9	=	3	6
6	5	−	2	0	=	4	5
4	5	−		9	=	3	6

Ich schaue mir zuerst die Einer an.
5 ist kleiner als 6, also Zehnerübergang.

1
$76 - 32 = \underline{\hspace{1cm}}\ \square$
$74 - 45 = \underline{\hspace{1cm}}\ \boxtimes$
$71 - 58 = \underline{\hspace{1cm}}\ \square$

7	4	−	4	5	=		
		−			=		
		−			=		

2
$53 - 26 = \underline{\hspace{1cm}}\ \square$
$67 - 31 = \underline{\hspace{1cm}}\ \square$
$82 - 48 = \underline{\hspace{1cm}}\ \square$

3
$92 - 74 = \underline{\hspace{1cm}}\ \square$
$64 - 55 = \underline{\hspace{1cm}}\ \square$
$99 - 41 = \underline{\hspace{1cm}}\ \square$

4
$62 - 27 = \underline{\hspace{1cm}}\ \square$
$78 - 49 = \underline{\hspace{1cm}}\ \square$
$84 - 53 = \underline{\hspace{1cm}}\ \square$

5
$46 - 17 = \underline{\hspace{1cm}}\ \square$
$58 - 23 = \underline{\hspace{1cm}}\ \square$
$64 - 48 = \underline{\hspace{1cm}}\ \square$

6
$81 - 36 = \underline{\hspace{1cm}}\ \square$
$79 - 43 = \underline{\hspace{1cm}}\ \square$
$63 - 19 = \underline{\hspace{1cm}}\ \square$

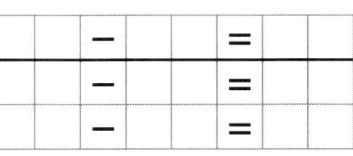
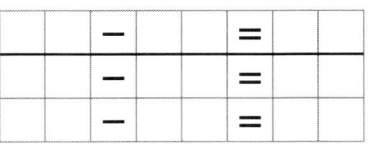

1 bis **6** Welche Aufgaben gehen über den Zehner? Aufgaben ankreuzen, dann alle Aufgaben rechnen.

Name: **Datum:**

Malaufgaben erkennen

1

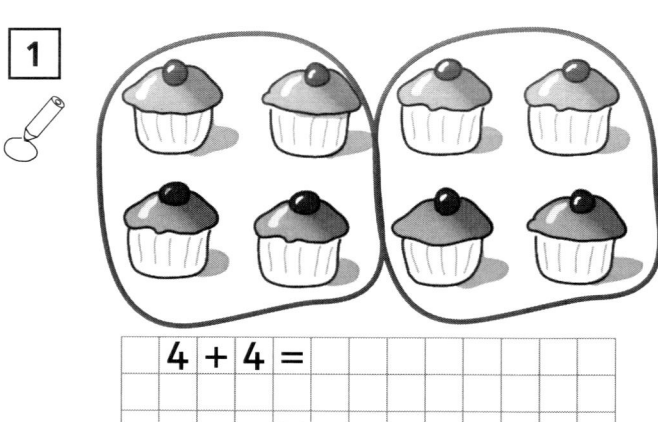 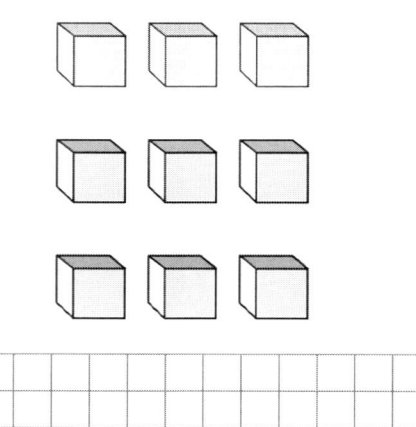

	4	+	4	=					
			·		=				

2

3 a) 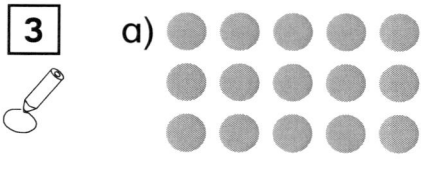 b) 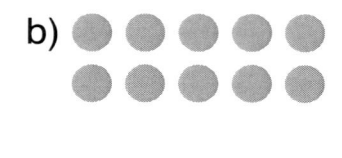 c)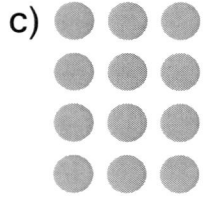

_____   _____   _____
_____ · _____ = _____   _____ · _____ = _____   _____ · _____ = _____

4 a) b) c)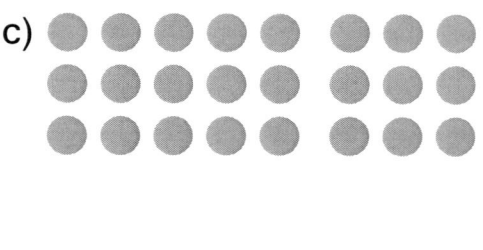

_____   _____   _____
_____ · _____ = _____   _____ · _____ = _____   _____ · _____ = _____

1 bis **4** Zuerst einkreisen, dann die Plus- und die Mal-Aufgabe schreiben.

Aufgabe und Tauschaufgabe

1 a)    b)   c)

_____

_____

2 a)    b)    c)

_____

_____

3 a)   b)    c)

_____

_____

4 a)   b) 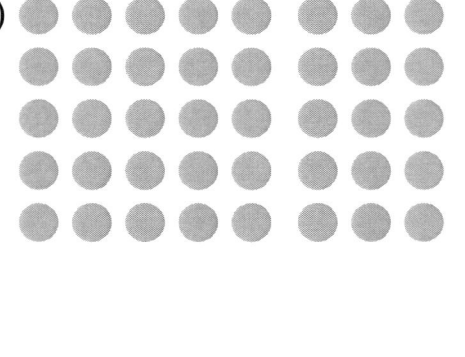   c)

_____

_____

1 bis 4 Zu jedem Punktefeld zwei Mal-Aufgaben schreiben.

Aufteilen

1   Es sind 18 Äpfel. Immer drei Äpfel sind in einem Netz.

Es sind ____ Netze.

Hier siehst du eine Geteilt-Aufgabe und eine Mal-Aufgabe.

18 : 3 = ____, denn ____ · 3 = 18.

2   Es sind 16 Äpfel. Immer vier Äpfel in ein Netz.

16 : 4 = ____, denn ____ · 4 = 16. Es sind ____ Netze.

3   Es sind 14 Plättchen, immer zwei Plättchen in einer Gruppe.

14 : 2 = ____, denn ____ · ____ = ____. Es sind ____ Gruppen.

4   Es sind ____ Plättchen, immer sechs Plättchen in einer Gruppe.

____ : ____ = ____, denn ____ · ____ = ____.

Es sind ____ Gruppen.

5   Es sind ____ Plättchen, immer vier Plättchen in einer Gruppe.

● ● ● ● ●   ● ● ● ● ●   ● ● ● ● ●   ● ● ● ● ●   ● ● ● ● ●   ● ● ● ●

____ : ____ = ____, denn ____ · ____ = ____.

Es sind ____ Gruppen.

6   Es sind ____ Plättchen, immer neun Plättchen in einer Gruppe.

● ● ● ● ●   ● ● ● ● ●   ● ● ● ● ●   ● ● ● ● ●   ● ● ● ● ●   ● ●

____ : ____ = ____, denn ____ · ____ = ____.

Es sind ____ Gruppen.

Name: **Datum:**

Verteilen

Verteile. Zeichne und schreibe die Geteilt- und die Malaufgabe auf.

1   a) 24 Plättchen an 4 Kinder   b) 27 Plättchen an 3 Kinder

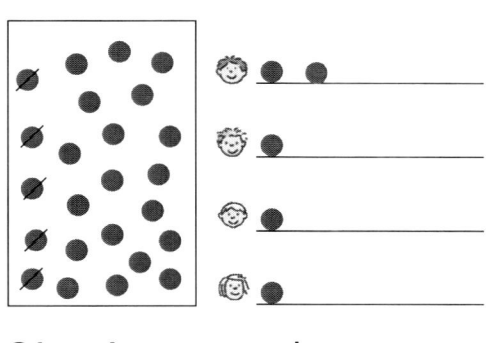

24 : 4 = _____ , denn _____

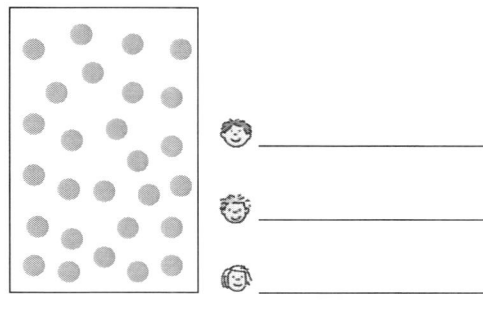

_____

2   a) 15 Plättchen an 3 Kinder   b) 16 Plättchen an 2 Kinder

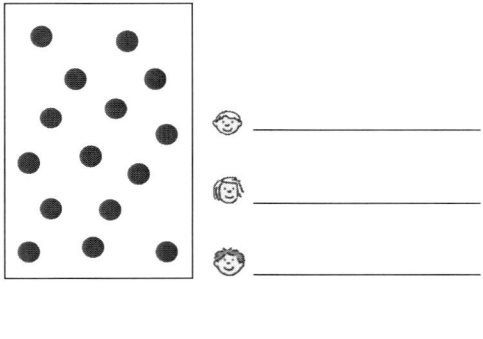

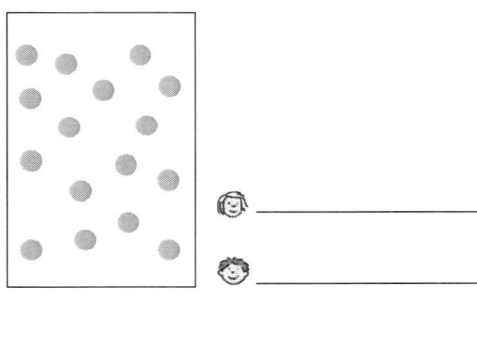

_____

_____

3   a) 25 Plättchen an 5 Kinder   b) 28 Plättchen an 4 Kinder

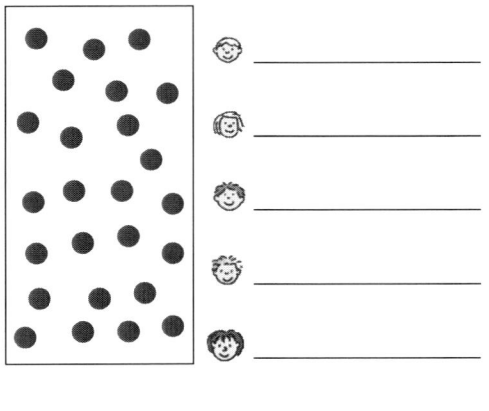

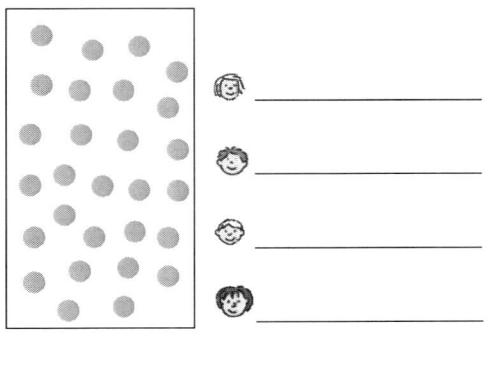

_____

_____

Zahlenreihe – Vorgänger und Nachfolger

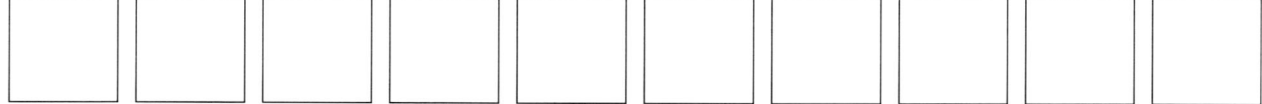

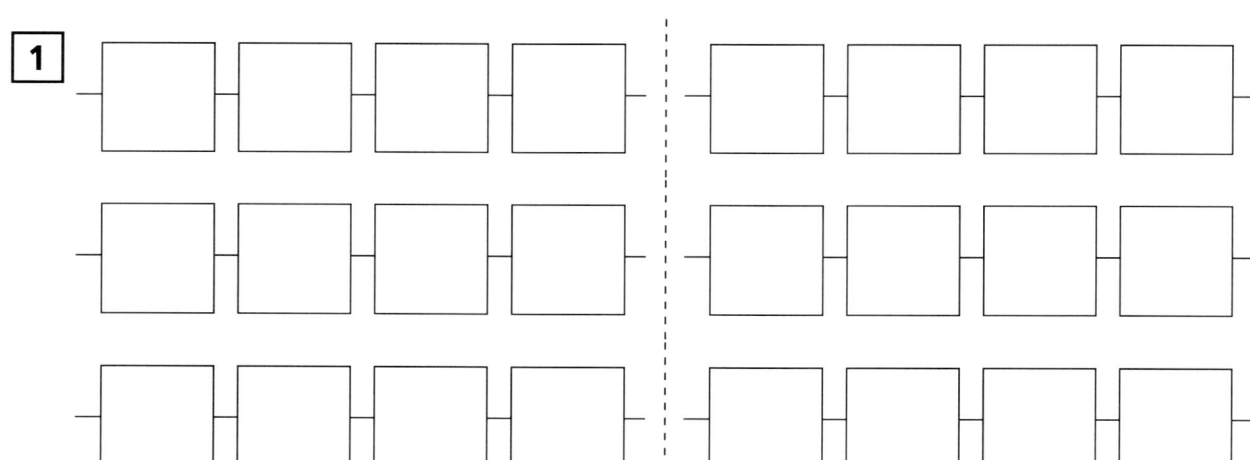

1

2

Vorgänger	Zahl	Nachfolger

Vorgänger	Zahl	Nachfolger

3

Vorgänger	Zahl	Nachfolger

Vorgänger	Zahl	Nachfolger

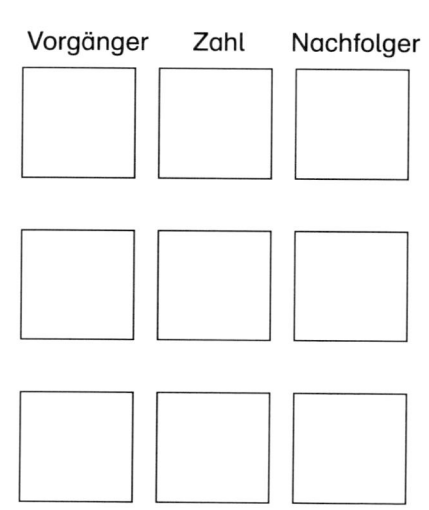

Rechenschiffe bis 10

Zerlegungshäuser bis 10

1

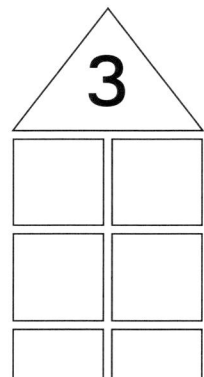

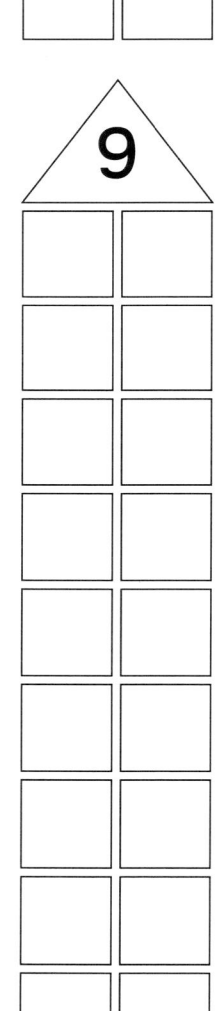

Rechenschiffe bis 20

1

_____

2

_____

3

_____

4

_____

5

_____

Schrittweises Addieren mit der Rechenhilfe

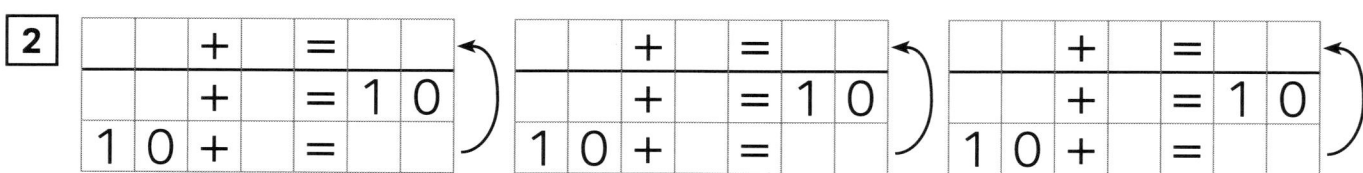

1

	+		=	
		+		= 1 0
1 0	+		=	

	+		=	
		+		= 1 0
1 0	+		=	

	+		=	
		+		= 1 0
1 0	+		=	

2

	+		=	
		+		= 1 0
1 0	+		=	

	+		=	
		+		= 1 0
1 0	+		=	

	+		=	
		+		= 1 0
1 0	+		=	

3

	+		=	
		+		= 1 0
1 0	+		=	

	+		=	
		+		= 1 0
1 0	+		=	

	+		=	
		+		= 1 0
1 0	+		=	

4

	+		=	
		+		= 1 0
1 0	+		=	

	+		=	
		+		= 1 0
1 0	+		=	

	+		=	
		+		= 1 0
1 0	+		=	

5

	+		=	
		+		= 1 0
1 0	+		=	

	+		=	
		+		= 1 0
1 0	+		=	

	+		=	
		+		= 1 0
1 0	+		=	

6

	+		=	
		+		= 1 0
1 0	+		=	

	+		=	
		+		= 1 0
1 0	+		=	

	+		=	
		+		= 1 0
1 0	+		=	

1 bis 6 Gegebenenfalls Aufgaben mit Plättchen legen oder mit Stiften zeigen und lösen.

Schrittweises Subtrahieren mit der Rechenhilfe

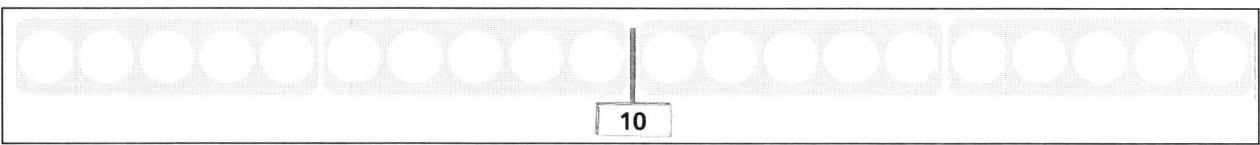

1
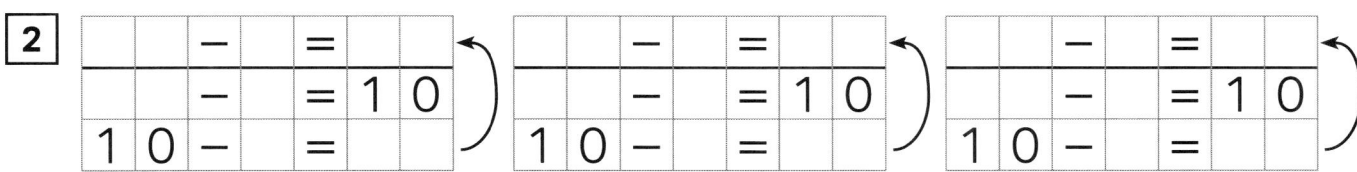

2

3

4
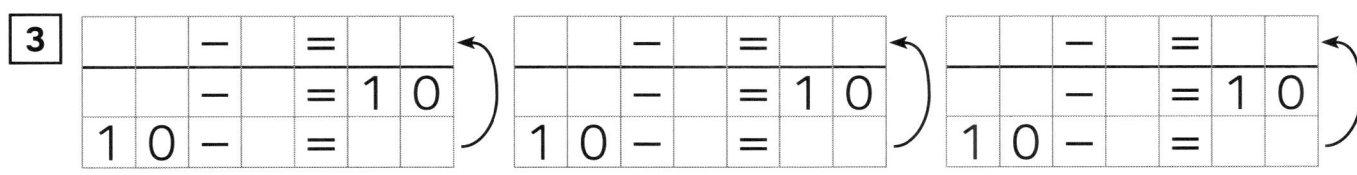

5
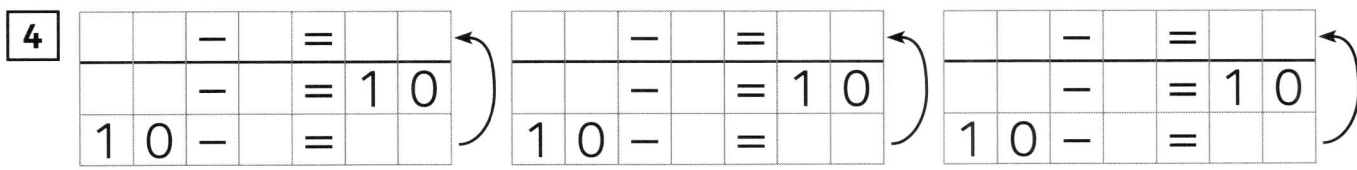

6

bis Gegebenenfalls Aufgaben mit Plättchen legen oder mit Stiften zeigen und lösen.

Name: **Datum:**

Schrittweises Addieren

1

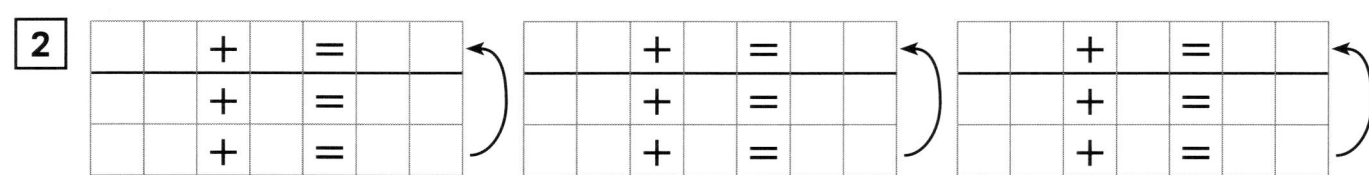

2

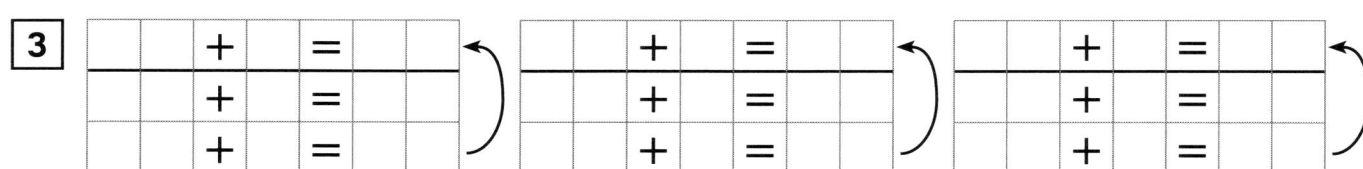

3

4

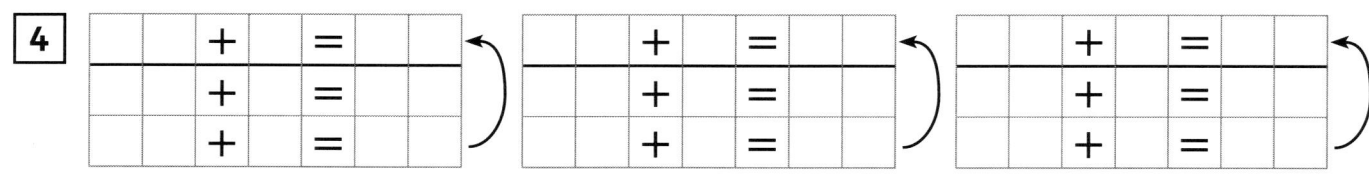

5

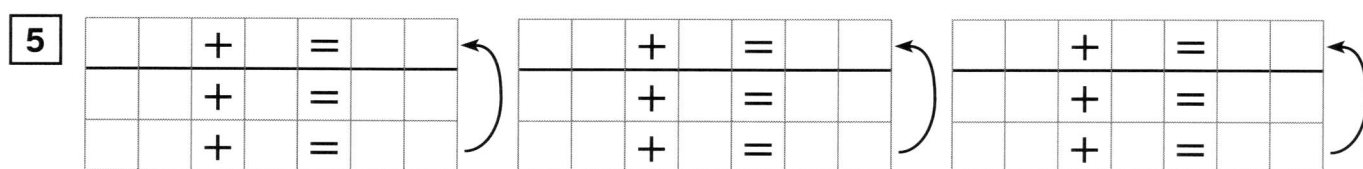

6

7

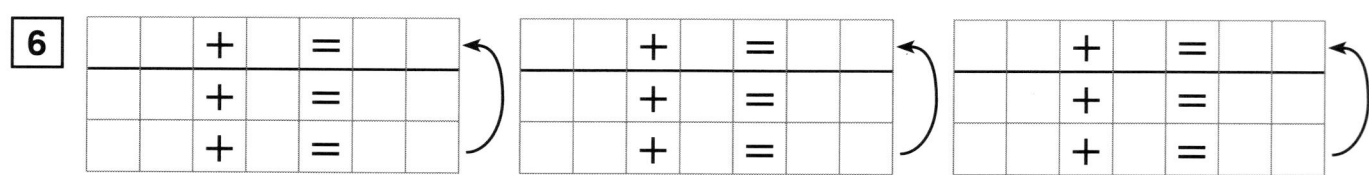

Schrittweises Subtrahieren

1
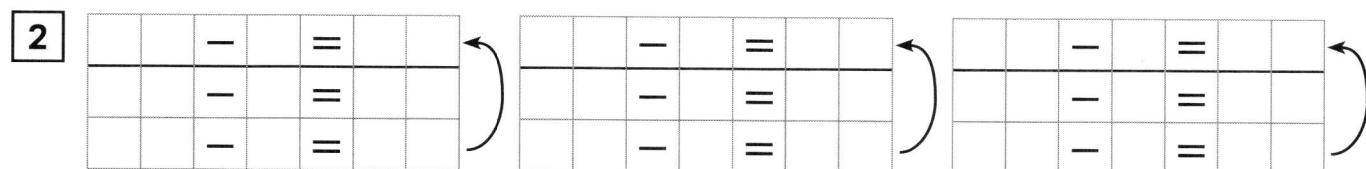

2
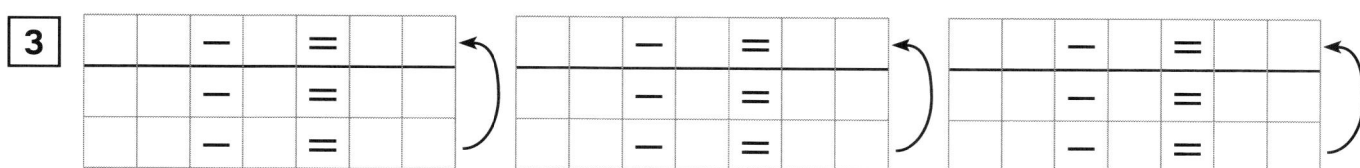

3
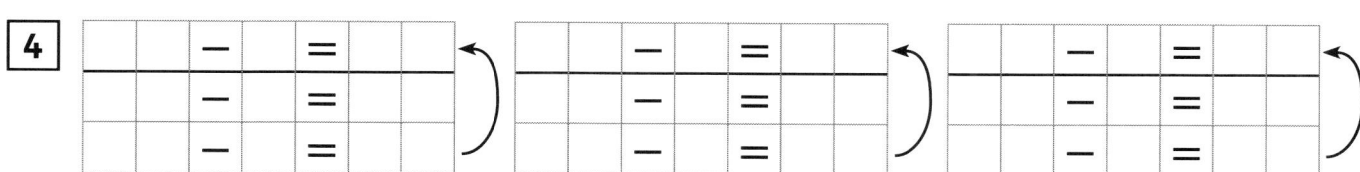

4
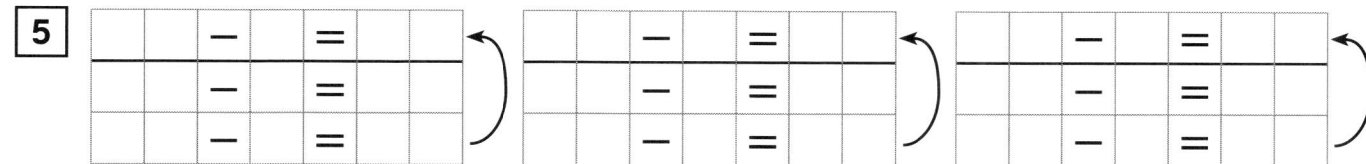

5

6
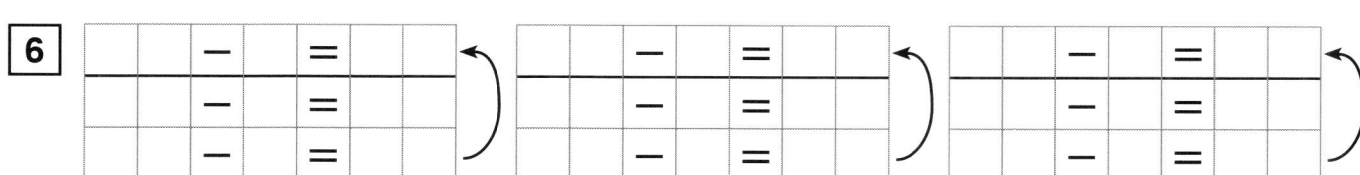

7
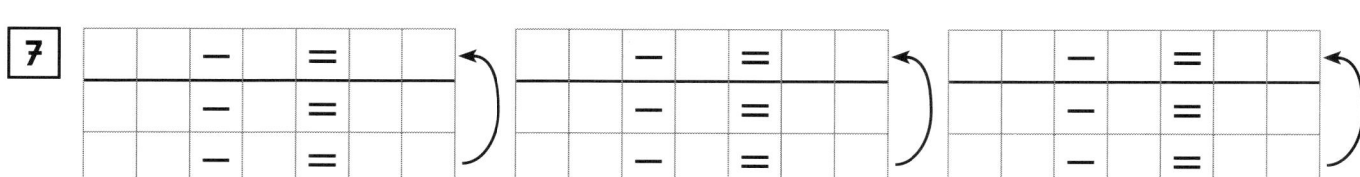

Addieren zweistelliger Zahlen mit Zehnerübergang

38 + 26

| Erst die Zehner dazu. | Nun die Einer. Erst bis zum Zehner, ... | ... dann weiter. |

3	8	+	2	6	=		
3	8	+	2	0	=	5	8

3	8	+	2	6	=		
3	8	+	2	0	=	5	8
5	8	+		2	=	6	0

3	8	+	2	6	=	6	4
3	8	+	2	0	=	5	8
5	8	+		2	=	6	0
6	0	+		4	=	6	4

1

2

3

4

5

6

Gegebenenfalls 2. und 3. Schritt in einem Schritt rechnen; dann jeweils letzte Zeile freilassen.

Subtrahieren zweistelliger Zahlen mit Zehnerübergang

54 – 26

Erst die Zehner weg.	Nun die Einer. Erst bis zum Zehner, ...	... dann weiter.
5 4 – 2 6 = ☐ 5 4 – 2 0 = 3 4	5 4 – 2 6 = ☐ 5 4 – 2 0 = 3 4 3 4 – 4 = 3 0	5 4 – 2 6 = 2 8 5 4 – 2 0 = 3 4 3 4 – 4 = 3 0 3 0 – 2 = 2 8

1   (leere Rechenfelder)

2   (leere Rechenfelder)

3   (leere Rechenfelder)

4   (leere Rechenfelder)

5   (leere Rechenfelder)

6   (leere Rechenfelder)

Gegebenenfalls 2. und 3. Schritt in einem Schritt rechnen; dann jeweils letzte Zeile freilassen.

Rechenfenster

1

2

3

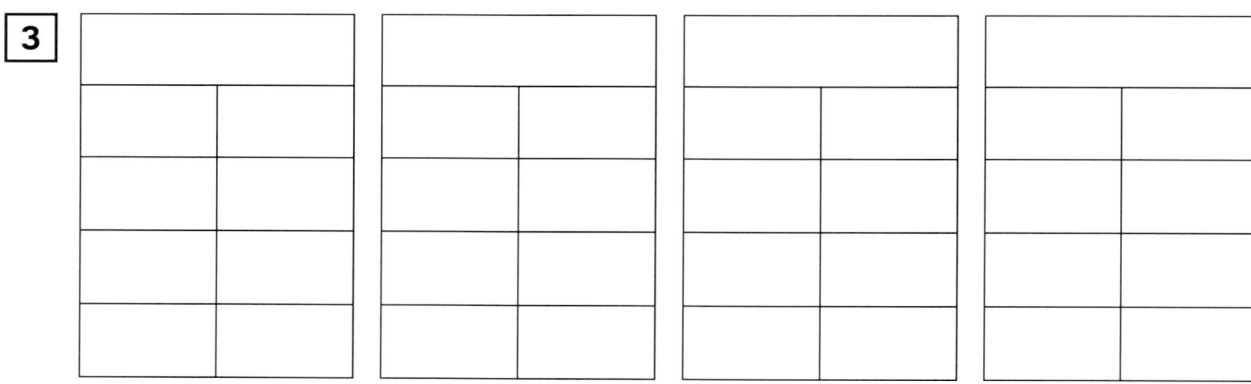

4

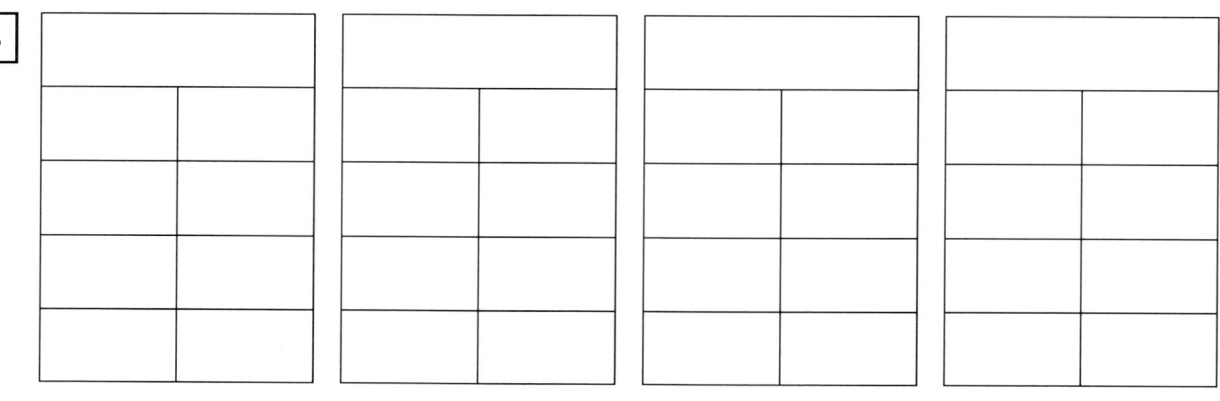

Rechentabellen

1

2

3

4

Pluminos

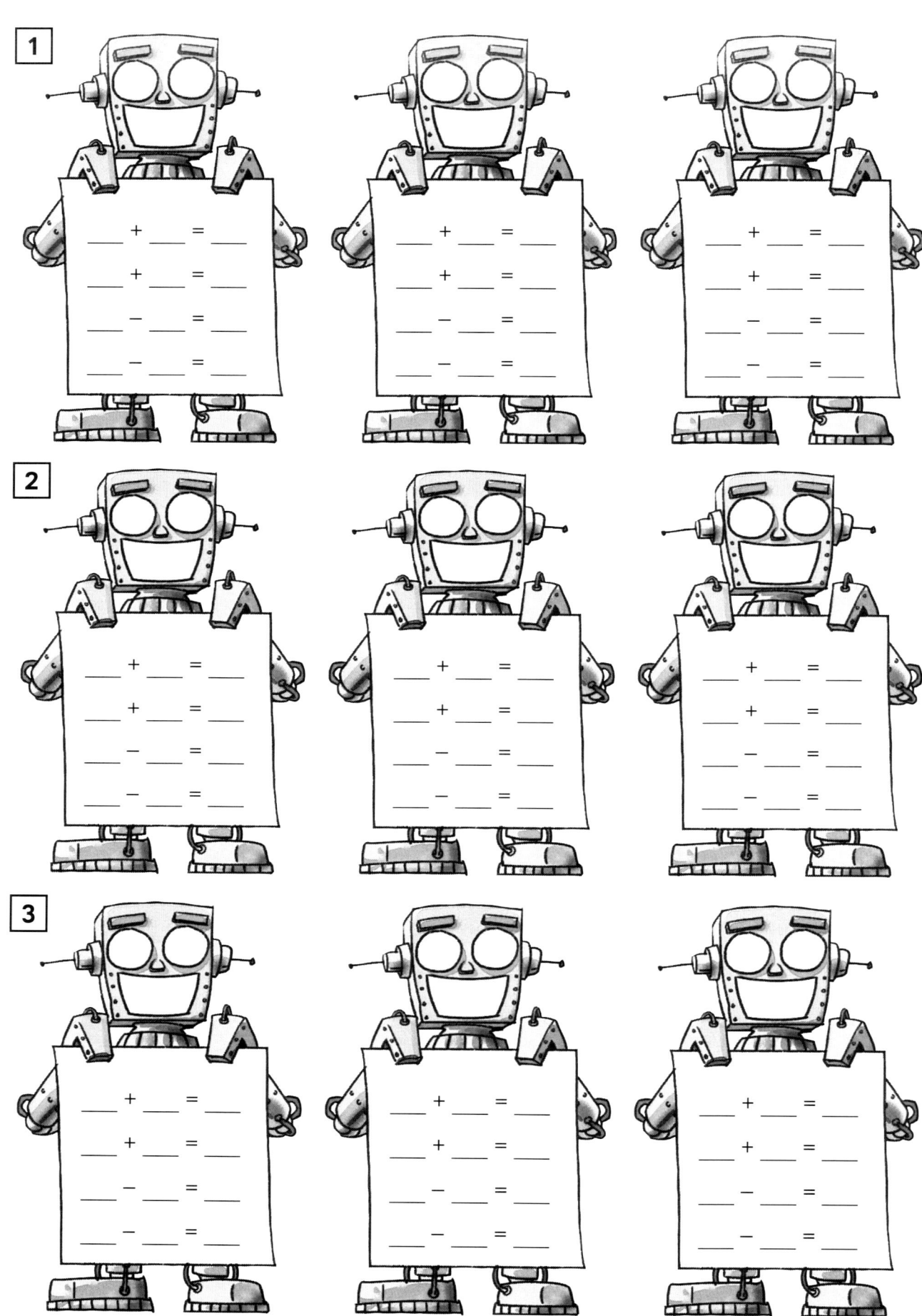

Zahlenmauern

1
 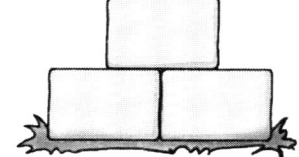 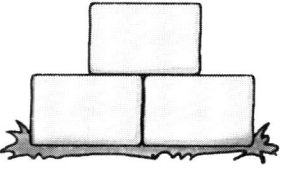

2
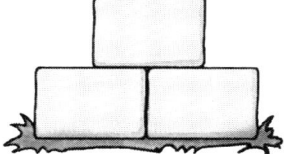 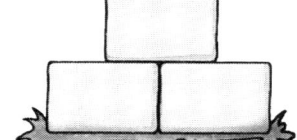 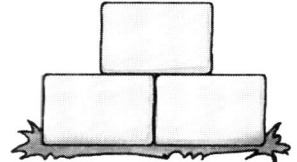

3
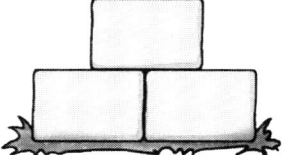 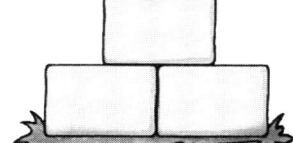 

4

5

6

Name: Datum:

Einmaleins-Tafel

·	1	2	3	4	5	6	7	8	9	10
1										
2										
3										
4										
5										
6										
7										
8										
9										
10										

Name: Datum: **BV 16**

EINMALEINS-HÄUPTLING

1 · 1-Reihe	vorwärts	rückwärts	mal / durch
mit 2			
mit 10			
mit 5			
mit 4			
mit 8			
mit 3			
mit 6			
mit 9			
mit 7			

_____

aus der Klasse _____

gehört ab heute zu den

EINMALEINS-HÄUPTLINGEN

_____ konnte alle Mal-Aufgaben und alle Geteilt-Aufgaben lösen.

_____   _____   _____
Ort, Datum   Mathematiklehrer/in   Schulstempel

Raum für Klassenfoto

Malduro

1

> **Malduro**
>
> Drei Zahlen im Kopf,
> vier Aufgaben im Bauch:
> zwei Malaufgaben,
> zwei Geteiltaufgaben.

2 Schreibe vier Aufgaben.

3 Schreibe vier Aufgaben.

Kopfrechnen-Marathon

Name: _____

© Bildungshaus Schulbuchverlage

Datum: _____

1. _____
2. _____
3. _____
4. _____
5. _____
6. _____
7. _____
8. _____
9. _____
10. _____

_____ Punkte

Datum: _____

1. _____
2. _____
3. _____
4. _____
5. _____
6. _____
7. _____
8. _____
9. _____
10. _____

_____ Punkte

Datum: _____

1. _____
2. _____
3. _____
4. _____
5. _____
6. _____
7. _____
8. _____
9. _____
10. _____

_____ Punkte

Datum: _____

1. _____
2. _____
3. _____
4. _____
5. _____
6. _____
7. _____
8. _____
9. _____
10. _____

_____ Punkte

Datum: _____

1. _____
2. _____
3. _____
4. _____
5. _____
6. _____
7. _____
8. _____
9. _____
10. _____

_____ Punkte

Beim Kopfrechnen-Marathon hast du von 50 Punkten _____ Punkte erreicht.